高校创新创业学院生成与发展研究

汪 艳 胡仁东 著

中国海洋大学出版社
·青岛·

图书在版编目（CIP）数据

高校创新创业学院生成与发展研究/汪艳，胡仁东著.—青岛：中国海洋大学出版社，2019.5
ISBN 978-7-5670-2362-8

Ⅰ.①高… Ⅱ.①汪… ②胡… Ⅲ.①高等学校—创造教育—研究—中国 Ⅳ.① G640

中国版本图书馆 CIP 数据核字（2019）第 179528 号

出版发行	中国海洋大学出版社
社　　址	青岛市香港东路 23 号　　　　　邮政编码　266071
出版人	杨立敏
网　　址	http://pub.ouc.edu.cn
电子信箱	appletjp@163.com
订购电话	0532-82032573（传真）
责任编辑	滕俊平　　　　　　　　　　　电　　话　0532-85902342
装帧设计	青岛汇英栋梁文化传媒有限公司
印　　制	日照日报印务中心
版　　次	2019 年 12 月第 1 版
印　　次	2019 年 12 月第 1 次印刷
成品尺寸	170 mm × 230 mm
印　　张	11.75
字　　数	190 千
印　　数	1～2000
定　　价	49.00 元

发现印装质量问题，请致电 0633-2298958，由印刷厂负责调换。

目 录

深化高等学校创新创业教育改革,是国家实施创新驱动发展战略、促进经济提质增效升级的迫切需要,是推进高等教育综合改革、促进高校毕业生更高质量创业就业的重要举措。党的十八大以来,党和政府高度重视创新创业工作,从制度层面对创新创业人才培养做出重要部署,并就加强创新创业教育提出了明确要求。围绕高校创新创业教育改革,2015 年 5 月,国务院办公厅印发了《关于深化高等学校创新创业教育改革的实施意见》,从完善人才质量标准、创新人才培养机制、健全创新创业教育课程体系、改革教学方法和考核方式、强化创新创业实践、改革教学和学籍管理制度、加强教师创新创业教育教学能力建设、改进学生创业指导服务、完善创新创业资金支持和政策保障体系九个方面提出了具体的实施意见。2017 年 9 月,中共中央办公厅国务院办公厅印发《关于深化教育体制机制改革的意见》,明确指出"把创新创业教育贯穿人才培养全过程"。2018 年 9 月,国务院印发《关于推动创新创业高质量发展打造"双创"升级版的意见》,明确提出"在全国高校推广创业导师制,把创新创业教育和实践课程纳入高校必修课体系,允许大学生用创业成果申请学位论文答辩"。在国家相关重要制度安排的驱动下,我国部分省份也陆续围绕推进创新创业出台了相应文件,如江苏省出台了《深化高等学校创新创业教育改革实施方案》等文件,对深化高校创新创业教育改革提出了具体的要求。

第一节　研究背景

一、经济社会发展的时代之需

在创新驱动社会转型和经济发展的趋势下,创新创业教育越来越受到政府和社会各界的普遍关注。美国作为创业教育的起源国家,国家的进步和综合国力的强盛离不开创业教育的成效和影响。许多全球知名的跨国公司如惠普、雅虎、思科等的发展和壮大均离不开大学开展的一系列创业教育,创业教育为社会带来人才、科技创新资源。我国建设创新型国家同样需要不同领域的创新创业型人才。创新创业教育对提升高校人才培养质量、保障毕业生就业质量、缓解社会经济压力等均具有十分重要的现实意义。因此,经济社会发展需要高校做实、做细、做深创新创业教育,高校通过培养高质量人才能进一步驱动经济社会发展。

二、国家政策出台引发研究热

自创新创业教育开始在我国兴起,短短十几年,国家相继出台了许多重要文件,自 2010 年教育部颁布《关于推进高等学校创新创业教育和大学生自主创业工作的意见》文件后,部分高校开始实施创新创业教育。一系列关于创新创业教育的文章在各个期刊和报纸出现,创新创业教育也成为硕博士论文的研究内容。通过"知网"的数据平台,以"创新教育""创业教育""创新创业教育""创业学院""创新创业学院"为篇名、关键词搜索 2010 年以后的文献,共查到硕博论文50 余篇,核心以上期刊论文共 200 余篇,创新创业教育成为教育研究的热点和主要研究领域。

三、高校当前育人方式之变

经济的发展依靠知识的创新,而大学作为知识传播、科技创新和促进技术产业转化的集中地,承担着培养大学生创新意识、创新精神、创业能力和创新技能的重要职责和历史使命。传统的高等教育方式已经不再适应社会经济发展对人才的要求,创新创业教育作为一种新的教育理念和模式,突出了学生自主学习能力的培养和创新实践精神的养成,是素质教育和终身教育的内涵延伸。随着社会的发展和时代的进步,大学的职能也在不断扩展。开展创新创业教育是现代大学功能的深化。高校的不断发展为培养具有创新意识、创业能力和创新技能的社会人才和企业家创造了条件。

研究意义

　　加强创新创业教育,培养拔尖创新人才,促进高等学校人才培养体制改革,是落实创新驱动发展战略的重要举措。近年来,高校创新创业教育不断推进,取得了积极进展,对提升高等教育质量、促进学生全面发展、推动毕业生创业就业、服务国家现代化建设发挥了重要作用。进入新时代,高校结合新形势新要求,提高认识、整合力量、完善机制,陆续成立创新创业学院,进一步探索创新创业教育模式。这既回应和落实了国家和地方的相关文件精神,又充分体现了人才培养模式的转变。本书从历史与现实、宏观与微观、理论与实践等不同维度考察了我国高校创新创业学院组织的兴起与发展,主要有两方面的意义。

　　在理论层面上,完善创新创业学院生成发展的理论基础。创新创业学院的科学发展需要理论基础做铺垫,通过研究厘清我国高校创新创业学院的本质内涵,为创新创业学院的发展以及创新创业型人才培养提供理论基础。

　　在实践层面上,对创新创业学院的研究具有现实意义。通过对我国高校部分创新创业学院的调查和研究,总结当前高校创新创业学院的整体发展现状、发展特点和存在问题,对我国公办本科高校创新创业学院今后的工作进行展望,以期更好地促进高校创新创业型人才的培养。

国内外相关研究综述

　　近年来,高校创新创业学院的相关研究不断增多,表明无论是理论工作者还是实践工作者对于这一领域的研究给予了充分的关注。从相关文献梳理来看,在国内相关研究方面,研究者们着重从我国创新创业教育的起源、高校创新创业教育的本质、创新创业教育的目标定位、高校创新创业教育模式、高校创新创业教育存在的问题、创业学院设置与运行等方面从理论和实践两个维度进行探索。从国外相关研究看,研究者们着重讨论了创业教育的起源、本质、模式、课程体系等。

一、国内相关研究

（一）关于创新创业教育的研究

1. 我国创新创业教育的起源

创新创业教育是随着知识经济时代的到来产生的一种新的教育思路,最初萌发于美国,现已在全球兴起。① 我国创新创业教育起源于 20 世纪 70 年代改革开放时期。有学者研究指出,在改革开放、经济发展的驱动下,我国发生过四次创新创业的浪潮:一是 80 年代国家级高新区的设立;二是政府推动的科技成果产业化;三是 1992 年邓小平南行讲话后引起的创新创业热潮;四是始于 90 年代中后期的互联网创业。② 从这四次浪潮可以看出创新创业由国家、政府引导到逐步全民化、普及化发展这一必然的趋势。以"创新创业"为检索词在"知网"进行全文检索,最早可查找到的文献是 1986 年周彬彬等学者发表的《农村面临的挑战与选择》一文,他们针对发展农村私有制经济的问题,提出改革的目标之一是破除阻碍生产力发展的传统模式和旧的经济关系,建立并完善有利于创造、创新、创业的环境和机制,大力推进农村经济商品化、市场化的发展进程。③ 与美国类似,我国的创新创业也源于农村经济发展改革的需要。以"创新创业教育"为检索词进行检索,查找到我国最早的文献是 2000 年陈畴镛、方巍发表的《知识经济时代理工科大学生经济管理素养的培养》一文,文章中指出,"知识经济时代创新创业人才必须具备经济管理素质和能力","用'知识经济的灵魂'来喻指人才的创造能力"。④ 可见,无论是创新创业,还是创新创业教育,都带有时代的烙印。这也表明,创新创业领域问题的形成是随着经济社会发展的需要,在时代要求和社会价值诉求的条件下,逐步受到人们的重视并加以解决的。

我国高校创新创业教育起步较晚,学术界普遍认为是从 1998 年清华大学举办第一届"挑战杯"开始兴起。东北师范大学就业创业教育研究院院长王占仁博士在结合多年研究和实地考察的基础上佐证了这一说法。他在《创业教育在中国:试点与实践》一文中提到 1997 年清华大学经济管理学院在 MBA 项目中开设了创新与创业方向的课程。但是清华大学雷家骕教授在其编著的《高技术创业管理——创业与企业成长》一书中指出,清华大学经济管理学院是从 1999 年起为 MBA 开设创新与创业管理课程。为什么延迟开设这门课程?王占仁教授又造访了雷家骕教授本人,原来 1997 年清华大学确实已经开设了创新与创业方向的课程,但是 1998 年学校才正式批准了这门课程,得到了课程批号,1999 年开

① 高晓杰,曹胜利.创新创业教育——培养新时代事业的开拓者 [J].中国高教研究,2007(7):91-93.

② 高志宏,刘艳.创新创业教育的理论与实践 [M].南京:东南大学出版社,2012:54.

③ 周彬彬,刘允洲,李庆曾.农村面临的挑战与选择 [J].农业经济问题,1986(4):35-39.

④ 陈畴镛,方巍.知识经济时代理工科大学生经济管理素质的培养 [J].杭州电子工业学院学报(高等教育研究版),2000(2):46-48.

始正式开设。因此,1997 年可以作为高校创新创业教育开始的起始年,标志性事件是清华大学经济管理学院在 MBA 项目中以融入工程经济、工业经济课程的方式开设创新与创业方向课程。①2002 年 4 月教育部将清华大学、中国人民大学、北京航空航天大学等九所院校定为创新创业教育的试点院校,自此我国高校创新创业教育在政府的推动下正式启动。2008 年教育部通过"质量工程"项目又设立了 32 个创新与创业教育类人才培养模式实验区。在国家和政府的高度重视下,创新创业教育在全国范围内逐步开展。

综上可以看出,我国的创新创业教育起步较晚,类似于美国以设置课程开始,但课程设置并不像美国那样具有系统性,只是涉及某些高校的少数学生。

2. 关于高校创新创业教育本质的研究

有研究者指出,就一般意义上说,创新是淘汰旧的东西,创造新的东西,它是一切事物向前发展的根本动力,是事物内部新的进步因素通过矛盾斗争战胜旧的落后因素,最终发展成为新事物的过程。更具体地说,创新是创造与革新的合称,它具有新颖性(即不墨守成规,前所未有),独特性(即不同凡俗、独出心裁),价值性(即对社会或个人的价值大小进步意义)。②我国的创新创业教育是从国外的创业教育发展而来的,"创新创业教育"的概念是将创新的理念融入创业教育提出来。因此以创新和创业的关系为切入点深入理解创新创业教育的内涵受到一些学者的关注。张彦认为,创新是创业的核心和本质,创新支撑着创业。③

学者们从不同的角度对创新创业教育的内涵做出了诠释。张冰等人对"高校创新创业教育"的各种观点进行了总结和提炼,形成以下看法。第一,在理性层面,本概念主要呈现为广义狭义说、量变质变说、个体本位说、社会本位说等多种内涵释义,内涵解读的泛化和异化造成了实践层面的种种误区。第二,在实践层面,对"高校创新创业教育"形成了四个误区:一是把创新创业教育等同于就业指导;二是把创新创业教育视为生产新的函数;三是把创新理解为科技创新,而把思想创新、意识创新等理念创新排除在创新之外;四是把创新创业教育游离在专业教育、知识教育之外,没有实现真正的融合。第三,在本土层面,基于双维视角的反思,他们认为,从教育哲学维度分析,中国的创新创业教育的内涵是知

① 王占仁. 中国创新创业教育史 [M]. 北京:社会科学文献出版社,2016:26.
② 叶培良,周素玲. 对高校学生创新创业教育的理性思考 [J]. 教育与职业,2010(3):88-89.
③ 张彦. 高校创新创业教育的观念辨析与战略思考 [J]. 中国高等教育,2010(23):45-46.

行统一观的体现;从教育价值的维度分析,创新创业教育的内涵是个体价值、社会价值和知识价值的辩证统一。[①] 综合上述三点认识和结论,我们认为,从内涵本质看,创新创业教育是就业教育的新路径,创新创业教育的内涵指向育人,主要培养学生的创新精神和创业意识,是一种渐进性的过程。

从高校创新创业教育的外延看,创新创业教育是一个复杂的系统工程,涉及教育的全过程及社会的其他方面,包括政策法规、管理体制、运行机制、教育理念、教育目标、教育模式、培养计划、师资力量、教学内容、教学形式、教育氛围等。但教育理念是核心和根本,决定了整个创新创业教育的发展方向。[②] 联合国教科文组织 1989 年 11 月在北京召开的"面向 21 世纪教育国际研讨会"认为,创新创业教育是"第三本教育护照",创新创业教育与学术性教育和职业性教育具有同等重要的地位。创新创业教育基于"把成才的选择权交给学生"的教育理念,核心是培养学生的创新创业能力。[③]

从高校创新创业实践看,我国高校实施创新创业教育,强调高校教育主体和客体之间的自然和谐,建立相互吸收包容的教育手段和教育模式并且使学生、学校和社会三者利益得到统一是我国高等教育可持续发展的必然趋势。[④] 也有专家认为,创新创业教育是我国大力实施素质教育的深化与升华。[⑤] 创新创业教育的出现是经济与社会教育活动双重作用的结果,是时代的产物,是经济社会发展的必然要求。[⑥]

无论是内涵的理解、外延的拓展,还是实践的考究,对高校创新创业教育的探讨引发了人们对高等教育本质的重新思考。由此,我们至少可以得到以下几点启示:首先,高校创新创业教育是系统性的教育活动,从多维度、多学科审视其本质能建立该教育活动的完整性,而不是通过局部调整实现其工具价值。其次,高校创新创业教育是时代要求之必然,它是对高校传统育人范式的突破,即从传统的封闭式、单一学科式培养转向开放式、跨学科式培养。最后,高校创新创业

---

① 张冰,白华."高校创新创业教育"概念之辨 [J]. 高教探索,2014(3):48-52.

② 王丽娟,高志宏. 论我国创新创业教育理念的创新 [J]. 江苏社会科学,2012(5):237-240.

③ 王革,刘乔斐. 高等学校一种新的教育理念 [J]. 中国高教研究,2009(9):56-57.

④ 叶培良,周素玲. 对高校学生创新创业教育的理性思考 [J]. 教育与职业,2010(3):88-89.

⑤ 王革,刘乔斐. 高等学校一种新的教育理念 [J]. 中国高教研究,2009(9):56-57.

⑥ 王革,刘乔斐. 高等学校一种新的教育理念 [J]. 中国高教研究,2009(9):56-57.

教育关注的是人的发展,以人的发展为中心构建新的教育体系、实现高等教育内涵式发展是其主要趋势。

3. 我国关于创新创业教育目标定位的研究

关于创新创业教育的目标定位问题,实质上就是研究创新创业教育"培养什么人"的问题。这一问题是任何研究教育活动首先要解决的问题,也是任何一种教育具备合法性的重要前提,它决定着创新创业教育的理论架构和实践方式。1999 年,中共中央、国务院颁布的《关于深化教育改革全面实施素质教育的决定》提出:"高等学校要重视培养大学生的创新能力、实践能力和创业精神,普遍提高大学生的人文素质和科学素养。"2010 年,教育部发布的《关于大力推进高等学校创新创业教育和大学生自主创业工作的意见》明确指出,创新创业教育是适应经济社会和国家发展战略需要而产生的一种教学理念和模式。政府对教育的主导性意见为创新创业教育的目标定位提供了基本依据,使高校能够更科学有序地开展相关工作。

首先,创新创业教育是一种育人功能的重新定位。有人认为,创新创业教育是根据教育学和创造学的基本原理,培养和提高人的创新精神和创业能力的教育活动,以形成创新创业基本素养为目标,注重开创性个性的发展,增强大学生以自主创新为核心的创业理念。从某种意义上来说,其是一种教育功能的重新定位,是教育领域里一种全新的价值追求。[①]

其次,创新创业教育是一种教育模式的重新构建。有研究者认为,对创新创业教育的定位应体现在两个层面上,即宏观层面和微观层面:"宏观层面是指创新创业的地位问题,也就是说它在高等教育中主要是解决什么问题,创新创业教育的人才培养目标就是以提高大学生的创新创业能力为核心,全面塑造大学生的创新创业品质;微观层面是指如何开展创新创业教育,即创新创业的教育模式问题。这种定位就是要通过创业特质教育、创业知识教育以及创业技能教育,培养具有创新意识、创造精神、创业能力和创优品质的大学生。"[②]

最后,创新创业教育是一种实践的新型路径。创新创业教育有两个层面的目标:一是提高大学生的创业能力;二是培养大学生的创新意识、创业精神,如雄

---

① 杨幽红. 创新创业教育理论范式与实践研究 [J]. 中国高校科技,2011(6):75-76.
② 王丽娟,高志宏. 论我国创新创业教育理念的创新 [J]. 江苏社会科学,2012(5):237-240.

心壮志、不畏艰险、开拓进取、与时俱进。[①] 创新创业教育的非功利性战略目标，从认识论角度看，是使受教育者具有创业意识、创业个性心理品质和创业能力，以适应社会的发展和变革，而不再以岗位职业培训为内涵，或以企业家速成为导向。从政治论角度看，一是通过创新创业教育更好地推进高等教育自身的改革，提高教育教学质量；二是通过创新创业教育的人才培养推进创业型经济发展和创新型国家建设。[②] 基于上述目标定位，对创新创业教育内涵的理解，很多学者出现"窄化"和"泛化"的误解。这在一定程度上也表明创新创业教育理念滞后、与实践严重脱节等问题突出。理论是实践的基础，对相关理论基础的准确理解就变得尤为重要。

4. 关于高校创新创业教育模式的研究

一是关于模式类型的研究。董世洪、龚山平总结目前我国大学的创新创业模式主要有三种：第一，高校自我运作型；第二，创业园依托型；第三，政府推动型。[③] 高志宏、刘艳在其著作《创新创业教育的理论与实践》中对试点院校的教育模式进行了概括，主要分为五种模式[④]，见表 0-1。从这五个模式中可以看出我国试点院校的创新创业模式具有以下特点：第一，从侧重点看，主要以第二课堂、基地（科技园）、竞赛（计划）等为载体培养学生的创新精神、创新能力和创业技能；各高校根据实际情况开展教育的侧重点有所不同，但都是以创新教育为基础，以创业教育为落脚点，全面培养创新创业型人才，提高创新创业能力。第二，从主要内容看，首先是关注学生素质素养的形成，实质上从强调素质教育到重点关注创新创业教育；其次是注重资源利用与支持，加大保障力度。

表 0-1　试点院校创新创业教育模式

模式	学校	侧重点	主要内容
模式一	中国人民大学	提高学生的整体能力和素质	将创新创业教育融入素质教育
模式二	北京航空航天大学	提高学生的创新意识和创业技能	注重创新创业教育实践活动的开展

---

① 相雷. 关于推进高校创新创业教育的思考 [J]. 思想理论教育, 2014(8): 90-93.

② 李家华, 卢旭东. 把创新创业教育融入高校人才培养体系 [J]. 中国高等教育, 2010(12): 9-11.

③ 董世洪, 龚山平. 社会参与: 构建开放性的大学创新创业教育模式 [J]. 中国高教研究, 2010(2): 64-65.

④ 高志宏, 刘艳. 创新创业教育的理论与实践 [M]. 南京: 东南大学出版社, 2012: 129-131.

续表

模式	学校	侧重点	主要内容
模式三	上海交通大学	第二课堂的有机整合	1. 创新教育是创业教育的基础； 2. 注重学生素质的培养
模式四	黑龙江大学	创新创业实践基地	充分利用校内外资源
模式五	清华大学	—	1. 创新教育是创业教育的基础； 2. 资金和技术支持； 3. 建立试验中心和创业基地

　　二是关于模式实践探索的研究。近年来,部分高校在实践中不断探索各具特色的创新创业模式。邱化民等以北京师范大学教育学部为例,从创新创业观念培养、知识学习、能力塑造、实践探索和环境创设等方面着手,提出以创业课程为抓手,夯实创业知识基础;以班级组织为依托,创新人才培养通道;以社团形式为延伸,搭建梦想支撑平台;以校友资源为纽带,拓展学生创业视野;以整合创新为驱动,打造创客集散地的创新创业教育模式的探索。[①]清华大学采取的举措是:建立学科交叉的辅修专业,探索跨院系融合培养创新人才的新机制;将创新创业教育与传统专业有机融合,推进创新创业教育通识化,改革学业评价体系;统筹第一课堂和第二课堂,推进创新创业教育可持续发展。南京大学积极构建创新创业课程、讲堂、训练、竞赛、成果孵化的"五位一体"教学体系,打造创意、创新、创造、创业的"四创"融合实践平台,探索创新创业校校协同、校地协同、校企协同的"三个协同"育人机制。四川大学以课堂教学改革为突破口,全面实施创新创业改革,重点推进了互动式课堂教学、非标准答案考试和创新创业教育课程体系建设。北京交通大学实施建设一支专业化师资队伍、打造一支为学生创新创业教育提供服务的咨询队伍、编写一系列高质量的创新创业教材的"三个'一'工程"。[②]

　　三是关于模式构建的研究。相雷提出 IDIA（Instruction, Demonstration, Imitation, Assessment）教育模式:它是以政府和高校合作的形式共同出资设立特定的专项基金,由高校聘请具备一定实务操作能力、具有较强的情感渲染力的创业成长型企业从业人员,或者是已接受系统而全面的创业成长型企业岗位培训

---

① 邱化民,呼丽娟. 高校院系开展大学生创新创业教育模式探究——以北京师范大学教育学部为例 [J]. 中国大学生就业,2015(17):54-58.

② 王弘扬. 创新创业教育"大阅兵"——记首届中国"互联网+"大学生创新创业大赛 [J]. 中国高等教育,2015(21):42-44.

的教师在高校组建创新创业教育工作站,由创新创业教育工作站常驻人员担任授课教师,负责高校创新创业教育课程的讲授,创新创业工作站的日常运营费用由专项基金承担。IDIA 教育模式由讲解(Instruction)、示范(Demonstration)、模仿(Imitation)、评估(Assessment)四部分组成,该教育模式可以纳入高校已有的教学体系中,作为人才培养的一部分。[①]

从以上分析可以看出,大多数学者更加关注高校实施创新创业教育的整体状况,主要以"宏大叙事"的方式讨论本领域的相关问题,对实践中的具体问题缺乏深入细致的研究。同时,大多数学者还集中在理论层面的思考和阐释,没有实际的数据分析,实证研究较少。

5. 关于高校创新创业教育存在问题的研究

创新创业教育在高校发展和推行,其自身"新"的教育特性必然会带来一系列的问题。同时由于高校与政府和企业相比有不同的逻辑基点和特征,使得高校开展创新创业教育不可避免地存在问题和不足。从已有相关文献来看,高校创新创业存在的主要问题表现在以下方面。

首先,教育理念固化、体制机制不畅和评价体系不完善。李家华、卢旭东提出目前我国高校的创新创业教育在融入人才培养体系方面面临着三大障碍:观念性障碍、资源性障碍和制度性障碍。[②]吴玉剑认为,创新创业教育发展和改革面临基础教育价值的弱化对学生创新潜能的"抑制"和"阉割",高校在大学生创新创业教育培养上存在"缺位"和"失位",大学生创新创业支持体系"薄弱",创业评价机制有"偏差"等。[③]

其次,创新创业教育存在功利化、简单化倾向。王丽娟等人认为,这种倾向具体表现为:把创新创业视为"不务正业"的无奈之举,创新创业教育功利化倾向明显;把创新创业等同于"地摊式"的活动,创新创业教育形式主义严重;把创新创业教育等同于就业培训,简单化倾向明显;把创新创业教育理解为仅仅是学校的事情,狭隘化倾向严重。[④]

再次,教学内容、教学方式、教学环境以及教学资源等支撑不够。高晓杰、曹

① 相雷.关于推进高校创新创业教育的思考[J].思想理论教育,2014(8):90-93.
② 李家华,卢旭东.把创新创业教育融入高校人才培养体系[J].中国高等教育,2010(12):9-11.
③ 吴玉剑.高校创新创业教育改革的困境与路径选择[J].教育探索,2015(11):63-66.
④ 王丽娟,高志宏.论我国创新创业教育理念的创新[J].江苏社会科学,2012(5):237-240.

胜利总结创新创业教育发展的前后十年指出,以下几点制约着我国高校开展创新创业教育:一是创新创业教育的学科地位边缘化;二是教学方式单一;三是教学内容差异较大;四是资源缺乏整合;五是大学生创业的环境还有待完善;六是风险投资基金的倾向性限制了大学生的创业。① 文丰安认为,地方高校大学生创新创业教育存在着学生创新意识及创新品格较弱、创业教育模式比较陈旧、社会和学校对创新创业教育的认识不足、创新创业教育课程体系有待完善、创新创业实践基地过于形式化等问题。② 相雷认为,高校对于创新创业教育的认识不到位;高校创新创业教育的课程体系不健全;高校创新创业教育的师资力量不充足。③

最后,创新创业教育的协同机制尚不健全。陈耀等认为,一是有关创新创业的学科体系建设不完善,创新创业教育的专业化、职业化、科学化水平有待提高。根据对部分理工科为主的学校进行调查,开设创新类课程的学校约占 1/3,开设创业类课程的仅占 1/20,将两者结合在一起的则更少。二是创新创业教育的发展模式和机制尚未形成,创新创业教育的形式比较单一,机制还不健全,可持续发展的模式有待进一步探索。三是创新创业教育的产学研结合不够紧密,实践成果转化率和转化层次不高,未能建立有效协调社会、学校、学生多赢的工作格局。④

此外,国务院 2015 年发布的《关于深化高等学校创新创业教育改革的实施意见》(国办发〔2015〕36 号)从宏观上全面总结了实施创新创业教育以来存在的主要问题:一些地方和高校重视不够,创新创业教育理念滞后,与专业教育结合不紧,与实践脱节;教师开展创新创业教育的意识和能力欠缺,教学方式方法单一,针对性、实效性不强;实践平台短缺,指导帮扶不到位,创新创业教育体系亟待健全。

上述问题与不足是一个新事物形成和发展的必然结果。第一,创新创业教育本身是对传统教育范式的改革,这种改革涉及的主体与客体、理念与行动、认识与操作、政策与执行等方面的协调难以在短期内得到解决。第二,高校创新创业教育从提出到形成,对于资源配置方式、利益分配格局等都是一种重新构建的过程,它必然会引起保守者与激进者之间的争论,从争论到形成共识的过程中,

① 高晓杰,曹胜利. 创新创业教育 —— 培养新时代事业的开拓者 [J]. 中国高教研究,2007(7):91-93.

② 文丰安. 地方高校大学生创新创业教育浅谈 [J]. 教育理论与实践,2011:12-14.

③ 相雷. 关于推进高校创新创业教育的思考 [J]. 思想理论教育,2014(8):90-93.

④ 陈耀,傅方正. 构建高校创新创业可持续发展模式的思考 [J]. 高等工程教育研究,2008增刊:47-50.

问题的出现也是不可避免的。第三,高校创新创业教育从顶层设计到实践运行,这是一个螺旋上升的过程,虽然有国外成功的实践,但由于特殊的国情和体制等因素,本土化还需要根据具体环境加以改造和完善。

(二)关于创新创业学院的相关研究

通过对相关文献的梳理发现,学者们对创新创业学院的专门研究少之又少,对创新创业学院的本质、产生原因等内容鲜有涉及。只有少数学者是以某一高校或者某一类型高校为蓝本进行研究,对我国本科高校创新创业学院整体发展概况的研究依旧欠缺。但是笔者认为,创新创业学院"是什么"这一问题对于我国创新创业学院的发展具有重要的指引作用,因此,本书拟对其进行初步探讨。

1. 关于创业学院设置与运行的研究

有学者通过对 2008 年以来成立的 30 多所创业学院的组织架构、制度规范、培养体系、师资队伍四个方面进行梳理,探讨创业学院的运行机制和现状,着重分析创业学院实际运行中的困境与问题,并提出合理化的对策和建议。[①] 根据笔者的研究,我国高校从 2002 年黑龙江大学设立创业教育开始,全国公办本科高校内设学院并不仅仅就是这 30 多所创业学院,而且这 30 多所并不能准确地呈现整体情况,也不能更深层次、更科学地推进创新创业教育工作。

2. 关于创新创业型人才培养的研究

目前,学者们大多是以某一院校为研究对象探讨人才培养的实践。如北京联合大学商务学院在实施 AACSB 认证过程中,通过对创新创业应用型人才培养进行初步探索和实践,提出课堂创新、模拟实训、社团大赛、校园孵化、校企贯通"五位一体、全程联动"的应用型人才培养模式,为商科创新创业应用型人才培养提供了初步参考。[②] 还有学者基于独立学院的办学定位和特色,从人才培养方案的制定、校内外实训和实践平台的建设、第二课堂的有效开展以及学生社团活动的积极引导四个方面将创新创业教育理念立体化地融入独立学院本科教育的全过程,形成完整、有效的创新创业教育培养体系。[③] 由此我们可以看出,学者们大

---

① 陈伟忠,张博. 以"创业学院"为载体的高校创新创业人才培养工作的模式、困境与改进 [J]. 高教探索, 2017(1): 113-115.

② 孙桂生,刘立国. 创新创业型人才培养的探索与实践——以北京联合大学商务学院为例 [J]. 中国高校科技, 2016(12): 79-81.

③ 赵宇兰,柳欣. 独立学院创新创业教育人才培养体系研究 [J]. 中国电力教育, 2014(14): 3-4.

多是从人才培养本身出发进行深入研究,并没有对培养人才的组织机构进行探讨,但是作为高校的新型内设机构,更好地了解其本质内涵、特点、产生原因以及整体发展情况可以找出其中的问题,从而更有利于创新创业型人才的培养。

二、国外研究现状

通过对相关文献的研究发现,国外相关研究主要集中在创业教育的本质、特点、教育模式和课程体系等方面。了解美国和日本创业教育的现状和特点,可以理性地指导我国高校创新创业学院的理论与实践研究。

(一)创业教育的起源和本质

美国可以说是实行创业教育最早也是最成功的国家之一,学者们一般认为美国商人霍勒斯·摩西在 1919 年创立的青年商业社(Junior Achievement)对高中学生实施的商业实践教育催生了美国的创业教育。[①] 而美国高校创业教育起源的标志则是 1947 年在哈佛商学院开设的第一门创新创业教育课程——新创企业管理(Management of New Enterprises),这也是创业教育在大学课堂首次出现。这相比我国 1997 年高校开始创业教育早了 50 年,但由于当时经济社会大环境的制约以及高校开设该课程前景的质疑影响,直到 20 世纪 80 年代经济繁荣发展后,美国创业教育才开始日趋成熟。[②] 那么作为创业教育的发端国家,美国高校创业教育中的"创业"本质是什么呢? 库拉特科认为:"创业的本质是对新事物的探索,是一种持续创新的过程。"[③]1998 年,伯顿·克拉克在其著作《建立创业型大学:组织上转型的途径》中提出创业型大学的概念。他认为,从传统大学向创业型大学的转型有五个要素:一个强有力的驾驭核心、一个拓宽的发展外围、一个多元化的资助基地、一个激活的学术心脏地带以及一个一体化的创业文化。[④] 埃兹库维茨也提出了创业型大学的概念,他认为创业型大学包含和延伸了我们通常所说的研究型大学。创业型大学概念的形成经历了两次学术革命、三种大学

---

① 季学军. 美国高校创业教育历史演进与经验借鉴 [J]. 黑龙江高教研究,2007(2):40-42.
② Katz J A. The Chronology and Intellectual Trajectory of American Entrepreneurship Education: 1876-1999[J]. Journal of Business Venturing,2003,18(2):283-300.
③ Kuratko D F. The Emergence of Entrepreneurship Education:Development,Trends,and Challenges[J]. Entrepreneurship Theory and Practice,2005,29(5):577-597.
④ 〔美〕伯顿·克拉克. 建立创业型大学:组织上转型的途径 [M]. 王承绪,译. 北京:人民教育出版社,2003:4.

类型的转化。第一次学术革命,是从单一的保存和传播知识的教学型大学,转向了以教学和研究为主要使命的研究型大学;第二次学术革命,则是从研究型大学又延伸出了既延续旧有使命又服务于经济和社会发展的创业型大学。[①]

可见,无论是创业课程的开设,还是创业型大学概念的提出,传统的高校组织性质、培养方式、传授内容、教学形式等都随着社会的变化而变化。我们认为,第一,这种变化是在高校三大功能形成后,由于外部环境的影响所引起的功能重新组合。第二,单纯的书本知识传授方式难以适应社会发展的需要,传授方式的多元化、一体化趋势引发高校创业教育的生成。第三,以学科为中心、以教师为中心的封闭式人才培养方式随着大学组织的转型促成了以学生为中心的基本认识。这些方面共同指向学生需求与学生发展。

(二)创业教育的模式研究

美国大学的创业教育模式有三种:"聚集模式""磁铁模式"和"辐射模式"。"聚集模式"作为传统的创业教育模式,以哈佛大学商学院为典型代表。在这种模式下,商学院和管理学院负责创业教育的课程组织、师资队伍、经费支持等。"磁铁模式"以麻省理工学院为典型代表,非商学院的学生也能从创业教育中获利是其核心思想,较"聚集模式"更具有开放性,更有利于吸引项目、教师和资金。"辐射模式"是一种全校性的创业教育模式,更有利于实现资源共享,以康奈尔大学为典型代表,但其运行和管理面临着组织协调、课程设置、师资建设、募捐等多方面的困难。[②]日本高校依据实际的学生需求和社会发展需要逐渐发展了四种创新创业教育模式:一是面向全体在校生开设创新创业教育通识课程的企业家涵养模式;二是针对有创业意愿学生的创业专业教育模式;三是主要针对商学院或商务学科学生的经营技能实践模式;四是针对工科、医科背景学生的创业技能辅修模式。[③]

上述美国的三种创业教育模式的特点在于其是各大学根据实际情况探索的结果,它们的共同性是在管理体制、资源配置、运行方式等方面与传统大学的差异。日本的四种创业教育模式着重于培养目标的具体指向,即有针对性地满足

---

① Etzkowitz H. The Norms of Entrepreneurial Science: Cognitive Effects of the New University-industry Link ages[J]. Research Policy, 1998, 27(8):823-833.

② 梅伟惠. 美国高校创业教育模式研究 [J]. 比较教育研究,2008(5):52-56.

③ 田玉敏. 国外高校创新创业教育的理念、模式与路径 [J]. 中国国情国力,2016(4):64-66.

学生需要,属于岗位匹配性的创业教育。无论是三种模式还是四种模式,其中一个重要的转变是将人才培养实用化。这意味着传统大学的绅士培养目标的终结,它将人发展需要的素养在大学阶段予以养成,并使学生具备可持续发展的能力。

(三)创业教育的课程体系研究

创业课程的建设是开展创业教育的基础。美国自 1947 年开设第一门创业教育课程至今已经过 70 多年的探索尝试和积累,是各国学习和研究的典范。美国的创业教育课程体系从无到有、从小到大,逐渐形成系统性、前瞻性的鲜明特征,是涉及课程目标、课程结构、课程内容与课程实施等方面的完整体系。如诺丁汉大学的宾克斯教授所说,美国的创业教育课程涵盖了"从头脑到市场""从创造性洞察力到成功创新"的方方面面。[①] 以百森商学院的创业教育课程体系为例,其模块化特征十分明显。其 MBA 选修课程体系包含四个模块,共设 22 门课程,分为三个层次:"基本层次""专业层次""支持层次"。据统计,分别有 90%、63%、63% 的学生参加这三个层次的选修。[②] 课程教学的实践性是美国高校创业教育课程实施的又一特点。[③] 这一特点也有利于学生创业精神的养成和创业能力的提升。英国的大学创业教育课程主要有三种形式:引入经济管理课程、网络模块形式以及开设选修课形式。以诺丁汉大学为例,该校以创新创业研究中心(Institute of Enterprise and Innovation, UNIEI)为依托,规定经济管理专业大学一年级的学生必须学习创业与商业(Entrepreneurship and Business)这一门课程。[④] 网络模块形式不仅面向本校学生,同时兼顾其他大学的在校生,增加了课程的覆盖面和受益面。开设选修课形式是英国大多数大学选择的方式,增强了课程的普适性。[⑤] 日本的课程体系主要围绕教育模式展开,与上述论述相同,这里不做进一步说明。

---

① Martin Binks. Entrepreneurship Education and Integrative Earning [R]. National Council for Graduate Entrepreneurship, 2005:1-13.

② 沈东华. 美国高校创业教育课程设置及其启示 [J]. 中国高教研究,2014(11):69-72.

③ Yilmaz E. Examination of Entrepreneurship from Humanistic Values Perspective[J]. Sociology Mind, 2013, 3:205-219.

④ Ron Botham, Colin Mason. Good Practice in Enterprise Development in UK Higher Education [R]. National Council for Graduate Entrepreneurship Research Report, 2007:23.

⑤ 胡瑞. 英国大学生创业教育实践路径探析 [J]. 复旦教育论坛,2012(1):83-87.

三、相关研究述评

已有研究从认识与方法、理论和实践、制度与运行等不同方面对高校创新创业学院进行了讨论,取得了一些成果,对于创新创业学院的发展具有启示作用。但还存在以下两点不足。

首先,研究内容上缺乏对创新创业学院本质的深入思考。已有关于创新创业学院的研究主要侧重于描述性的研究,并未对其本质、生成的原因以及如何生成做更为深入的探讨。"是什么""为什么"以及"如何生成"的问题是创新创业学院发展的理论基础,是指导实践的重要依据,这些问题需要进一步思考与探索。

其次,就研究对象的范围而言,目前研究者对创新创业学院的现状研究主要集中于某些高校或某类型高校,忽视了整体现状、发展特点和共性问题的研究。尽管有研究者已意识到这个问题,并试图以部分创业学院为研究对象寻找发展中的瓶颈问题,但并未从宏观角度研究其背后真正的原因和意义。同时仅仅局限于某一类型高校,容易忽略问题的本质,"以偏概全",影响我国高校创新创业学院整体的科学发展。

创新创业学院作为高校新型的内设机构和人才培养特区,承担着创新创业型人才培养和实训孵化试验田的重任。创新创业学院的实践探索对高校人才培养质量的提高、高校整体的发展和改革有着重要而深远的意义。本书采用"理论分析—事实分析—问题反思"的研究思路,从本质内涵到生成探源,从宏观层面到微观层面,通过系统性的数据收集、整理、分析和研究,试图还原我国高校创新创业学院的整体面貌,并对创新创业学院整体发展的共性问题进行反思与探讨,以期促进我国高校创新创业学院的科学发展。

本书首先从历史的角度对创新创业教育的概念内涵和特征进行剖析,为确定具体的研究对象奠定了理论基础。然后,通过对创新创业教育相关国家政策文本的分析以及对创新创业型人才培养组织形式发展的历史梳理,探寻创新创业学院兴起的原因。创新创业学院有着传统高校二级学院的影子,但它又与二级学院有不同的管理理念、体制机制和运行方式。本书以高校人才培养体制机制改革为背景,着力探寻我国高校创新创业学院的源起、行动与实践,讨论创新创业学院"是什么、怎么样",发现其规律、特点及趋势,从整体上把握创新创业学院的生存样态与发展方式,为进一步推进高校创新创业学院高质量发展提供可参考的建议。

第四节　研究内容、研究方法及基本思路

本书主要运用文献分析法、调查研究法、统计分析法等方法,研究高校创新创业学院的本质、生成机理、现状并提出相关建议,试图厘清高校创新创业学院这一组织的合规律性、合目的性、合现实性,为我们理性认识该组织的特点以及完善其制度、运行机制提供参考依据。

一、研究内容

鉴于研究资料的局限性和研究结果的有效性,本书主要关注的是我国公办本科院校中的创新创业学院。我们以全国 817 所公办本科高校为研究对象,调查创新创业学院的生成原因、设有创新创业学院这一内部机构的高校数量特征及其具体发展现状。基于国内外相关研究、文献资料与最终调查结果,按照"理论分析、事实分析、问题反思"的总体思路对我国高校创新创业学院进行研究,试图回答三个问题:一是我国高校创新创业学院的本质问题;二是设立创新创业学院的原因;三是我国高校创新创业学院的发展现状以及实践中存在的问题与反思。从本质内涵到生成缘由,从宏观特点到微观发展,对创新创业学院发展的共性问题进行探讨与反思,以期对我国高校创新创业学院的未来发展方向形成基本判断,供高校创新创业学院参考借鉴。

二、研究方法

(一)文献研究法

通过多种渠道收集关于创新创业教育、创新创业型人才培养、(创新)创业学院等的相关文献,并进行整理、分析,在掌握研究所需的有关材料和已有研究成果的基础上,为本书研究框架的设计提供整体思路和理论准备。

(二)调查研究法

以全国 817 所公办本科高校为调查样本,利用公办本科院校官方网站等查阅我国高校创新创业学院的发展概况,包括各创新创业学院的设立时间、历史沿革(前身)、设立原因与背景、设立目标、选拔手段、培养方式等,整理总结我国公办本科高校中创新创业学院的数量以及发展历史、发展现状和特点,为进一步研究提供数据材料。

（三）统计分析法

运用 EXCEL 等相关统计软件对调查研究数据进行统计，分析创新创业学院的发展特点和存在的问题，为其进一步完善提供事实依据。

三、研究思路

首先，确立研究问题。基于相关研究文献的梳理，探索高校创新创业行动到创新创业教育再到创新创业组织的演变过程。从中我们发现，关于高校创新创业学院是什么、为什么出现这种组织、这种组织如何运行、它们存在的主要问题等尚未得到解决。

其次，确认研究内容。立足于上述问题的解答，本书拟从高校创新创业学院的内涵、生成原因、发展现状、问题反思等方面进行研究，试图总结和梳理高校创新创业学院这种新型组织的本质、特点、规律等，以期"全景式"呈现该类组织在我国高校的整体状况、制度形成、运行机制等。

第一章

我国高校创新创业学院的本质内涵

20世纪80年代开始,为适应科学技术发展和学科综合的趋势,我国大学在高校内部管理体制改革中相继实行了学院制。学院制是大学以学院为实体性主体和管理重心,凸显培养人才和发展学科等职能目标的内部组织结构形式与管理模式。[①] 就大学学术组织而言,从组织结构上可以分为三层:学校、学院和学系。[②] 二级学院作为高校重要的办学主体,处于基础和关键的位置。"聚集了一批专注于教学和科研的专家、学者以及学生。大学的人才培养、科学研究、社会服务等各项职能要依靠二级学院去承担、去执行、去实现,离开二级学院,大学的知识生产活动、大学的职能实现便成为空中楼阁。"[③]

我国高校的二级学院有两种类型,一种是指不具备独立招生资格和学历文凭颁发资格的普通高等学校的二级教学单位;另一种是指部分普通本科高等学校按新机制、新模式举办的本科层次的二级学院,即独立学院。这里所说的高校内部普通二级学院是指第一种类型。这一类型的二级学院一般是按照学科门类来划分的,目前采用最多的是学科群学院设置模式,如文学院、理学院、法学院、教育学院;还有一种是跨学科学院,即由两个相关性不强的一级学科组建而成,如经济管理学院,将经济学和管理学两大一级学科组合。而创新创业学院的设立并不依据学科专业,某些学校依附于普通二级学院建立创新创业学院,如管理学院、科技学院、国家工商管理学院。创新创业学院是在国家的政策扶持、社会

① 严燕. 学院制的内涵与学院的设置 [J]. 教育研究, 2005(10):76-79.
② 胡仁东. 我国大学学院组织制度变迁研究 [M]. 青岛:中国海洋大学出版社, 2016:1.
③ 张德祥,李洋帆. 二级学院治理:大学治理的重要课题 [J]. 中国高教研究, 2017(3):6-11.

的人才需求以及高校提升办学水平的多重驱动下产生的。此外,传统学院与创新创业学院在生源选拔、培养模式、课程体系、管理方式等方面均存在明显差别。

第一节　创新创业教育的缘起

一、对创新与创业的理解

(一)创新

学术界普遍认为,创新理论是奥地利经济学家约瑟夫·熊彼特在他的著作《经济发展理论》中首次提出的。他认为创新是建立一种新的生产函数,即把一种新组合引入生产体系。[①]他将创新的概念引入经济领域的同时也从企业的角度指出上述所说的"新组合"包含五个方面:新产品、新工艺、新市场、新供应来源以及新的组织[②],界定了"创新"的来源和路径。创新的概念有狭义和广义之分。狭义的创新概念是从企业的角度出发,但是创新并不仅仅局限于企业这一领域范围内,它已经渗透到我们生活的方方面面、社会的各行各业之中,任何活动和工作都可以进行创新。那么什么是广义上的创新呢? 它超越了创新的经济行为,更突出科学创新、技术创新、制度创新,是指现实的人有目的的创造性的实践活动。[③]无论是在经济领域,还是在政治、科技、文化或其他领域,创新的内涵都包括以下几个方面:第一,创新本身是基于实践的有目的的人类活动;第二,它突破了世上现存的知识、思想、方法和工具;第三,创新的效果比以往更有利和更方便于人。可以说,创新是社会发展过程中最具价值的活动。

(二)创业

科尔(1965)认为,创业是创业者对自己拥有的资源或通过努力能够拥有的资源进行优化整合,从而创造出更大经济或社会价值的过程。杰夫里·蒂蒙斯(1999)在他所著的经典教材《创业创造》(*New Venture Creation*)中将创业定义为:"一种思考、推理结合运气的行为方式,需要在方法上全盘考虑并拥有和谐的

---

① 〔美〕约瑟夫·熊彼特. 经济发展理论:对于利润、资本、信贷、利息和经济周期的考察 [M].
　　何畏,等,译. 北京:商务印书馆,1990:17.
② 〔美〕约瑟夫·熊彼特. 经济发展理论:对于利润、资本、信贷、利息和经济周期的考察 [M].
　　何畏,等,译. 北京:商务印书馆,1990:73-74.
③ 王占仁. 中国创新创业教育史 [M]. 北京:社会科学文献出版社,2016:3.

领导能力。"《辞海》对创业的定义是指开创建立基业、事业。创业是一个过程，具体指人们将创新精神、创新意识和创造力转化为成功的社会实践的过程。[①]创业也有狭义和广义之分，狭义的创业更直观地意指建立"新企业"，而广义的创业将实践活动范围扩展到社会生活的各个领域，是为社会和个人进行价值和财富创造的过程。创业是一种开发人的潜能的主观能动性的表现，它是基于现实性条件和可能性的基础上人们尝试去做一些"新鲜事"，在这个过程中，既可参照现在的模式，也可融入个人的创新性想法。

（三）创新与创业的关系

创新与创业密不可分。如果说创新是"新组合"，那么创业就是"新组合"的实现。创新对应的是"新产品"，而创业对应着"新企业"。这是一个从想法到实践的过程。创新是创业的基础，是成功创业的必要准备和持续发展的动力；创业是创新的行动化和表现载体。创新需要通过创业实现转化，成功的创业离不开创新，创业为"表"，创新为"里"。[②]创新首先必须体现为理念、思想认识上的突破，即突破原有的认识框架；创业则更多地体现为行动，它可能将理念落实到行动上，也可能将方法和工具应用到想做的事情上。任何创新事业的实践活动都需要主体——创业者，而创业者最为基础的特征就是需要有企业家精神，创新精神是企业家精神中最为本质的精神。

二、创新创业教育的由来及特征

（一）历史由来

创新创业教育是一个融合了古今中外教育精髓，同时具有中国特色的新型教育理念和教育模式。对其准确的概念界定应从它的历史演变着手，层层剖析，追溯源头，由表及里。

1. 创造教育（Creative Education）

对这一教育思想的解读，首先应从理解伟大的人民教育家——陶行知的教育思想入手。改革和创新是陶行知教育思想的基本特征。他在美国哥伦比亚大学求学期间深受杜威教育思想的影响，后提出了著名的生活教育思想：生活即教育、社会即学校、教学做合一；并且进一步深化了自己的教育思想，提出了创造教

---

① 黄兆信，王志强 . 论高校创业教育与专业教育的融合 [J]. 教育研究，2013（12）：59-67.
② 张彦 . 高校创新创业教育的观念辨析与战略思考 [J]. 中国高等教育，2010（23）：45-46.

育。他认为在教学中不仅要启迪学生的思维,更重要的是要引导学生创造,解放儿童的创造力,"敢探未发明的新理,即是创新的精神",使人人都能创造。[①] 他在《创造的儿童教育》一文中指出,创造即由行动而发生思想,由思想产生新价值。他的创造教育思想是由王阳明先生的"知是行之始,行是知之成"这一思想演绎而来的。同时在文章中他也强调了思想和行为统一的重要性:"手和脑在一块儿干,是创造教育的开始;手脑双全,是创造教育的目的。"[②] 他的创造教育思想的精粹是:确立了"先行后知"的创造教育观;创造教育的起点在于手和脑并用;弘扬"试验之精神"为创造教育的保障;头脑、双手、嘴巴、空间和时间五大"解放"为儿童提供充分的自由;倡导在"集体创造中学习创造"。[③] 因此陶行知提倡"联动式"的创造教育,反对知行分离的"单一式"的传统教育。他强调创造人才和创新能力的培养,积极主张培养创新人才、开发人才的创造力。陶行知在 20 世纪 30 年代初提出的创造教育思想对当时中国的教育认识和实践活动起到了振聋发聩的作用,并对教育改革和发展产生了深远的影响,同时也促使了我国素质教育、创新教育的产生和发展。

刘仲林等比较了东西方创造教育的起源、目的、背景和结局,并在此基础上提出"东西方创造教育会通模式"。从起源上看,前者兴起于教育领域,后者兴起于技术领域;从目的上看,前者重在"成己",注重创造者的创造性自觉,后者重在"成物",注重创造性成果的创制;从理论背景上看,前者以东方哲学为理论背景,后者以心理科学为背景;从结局上看,在现代社会功利至上的思想影响下,西方式"成物"教育兴盛,东方式"成己"教育衰落,创造教育失衡。由此,建设"东西方创造教育会通"的新模式,是我国教育创新发展的重要理论和实践问题:首先,应将对学习者的人生观和思维方式的变革作为教育的核心内容。其次,创造技法的学习是十分必要的,对于建设创新型国家,更好更快地创造出新产品、新技术等是十分急需的。[④]

2. 创新教育(Innovation Education)

20 世纪 90 年代初,科学技术迅猛发展,知识经济已见端倪,国力竞争日趋激

---

① 陶行知. 陶行知全集. 第 1 卷 [C]. 成都:四川教育出版社,2005:26.

② 陶行知. 陶行知教育名篇 [M]. 北京:教育科学出版社,2005:209.

③ 燕良轼,〔越〕陈氏字,邓沁泥. 陶行知创造教育思想精粹 [J]. 大学教育科学,2017(4):89-94.

④ 刘仲林,江瑶. 东西方创造教育的比较与前瞻 [J]. 天津师范大学学报(社会科学版),2011(3):56-60.

烈,我国面临着前所未有的巨大机遇和挑战。国家领导人针对时代发展对创新人才培养的急切性和增强民族创造能力的紧迫性,提出"科技创新"这一重要命题,并围绕这一命题进行了一系列深入的探讨。1995 年,全国科学技术大会提出了全民族的共识:"创新是一个民族进步的灵魂,是一个国家兴旺发达的不竭动力。"1998 年,江泽民在庆祝北京大学建校 100 周年大会上的讲话对大学给予了深切的厚望,提出面向 21 世纪教育改革和发展的方向。他指出:"我们的大学,应该是培养和造就高素质创造性人才的摇篮,应该是知识创新、推动科学技术成果向现实生产力转化的重要力量。"创新的载体是人才,人才的培养靠教育。同年,中央教育科学研究所提出了"创新教育"的理念,并联合了山东、河北、辽宁、黑龙江等 20 多个省市的教育研究机构和大、中、小学校开展创新教育研究与实验,推动了当时的教育改革,在社会上产生了巨大的反响。[1]经过一年多的实践和推广,"创新"一词在各类媒体的出现频率越来越高,成为学者、专家们讨论和研究的热点。但是什么是创新教育,学者们和实践者尚未形成共识。时任中央教育科学研究所所长的阎立钦教授认为"创新教育"是以培养人的创新精神和创新能力为基本价值取向的教育。[2]创新教育最先是在基础教育领域开展,是一种持续性的教育。在之后的实践中创新教育的内涵不断深化,学者对其所起的作用做了更为具体的界定:"旨在培养大学生的创新精神、创新素质、创新能力,其实施有利于促进学生更好地全面发展。"[3]

那么它与半个多世纪之前的"创造教育"有何异同呢?两种教育的共同点有三个方面:第一,都是当时时代的产物,都结合当时中国的实际状况,是在深刻认识到当时中国教育弊端的前提下提出的。第二,都认识到教育并不局限于学校内部,都深刻指出"活"教育的重要性。第三,都是素质教育的核心内容,都将素质教育推向了一个新的更高的台阶。但是创新教育的提出并不是对创造教育的否定,创新教育可以说是在新的时代背景下对创造教育的理论发展与思想升华。

两者的不同点也表现在三个方面:首先,侧重点不同。创造教育侧重于"做",其精髓体现为"六个解放",即解放头脑、解放双手、解放眼睛、解放嘴、解放空间、解放时间。这里涉及了教育方法的改革和教育内容、时间的删减。这里的"做"体现的是"学"到"知"的转变,最终是为了"行"。而创新教育并不是"小发明"

---

① 华国栋. 推进创新教育 培养创新人才 [J]. 教育研究,2007(9):16-22.

② 王磊. 实施创新教育培养创新人才——访中央教育科学研究所所长阎立钦教授 [J]. 教育研究,1999(7):3-7.

③ 陈翠荣. 大学创新教育实施困境的博弈分析 [J]. 中国高教研究,2014(7):81-84.

"小创造",不仅仅停留在操作层面上,更重要的是营造创新的大环境,从思想、理念层面引导教育改革和全面发展的价值诉求。其次,教育目的不同。创造教育的最终目的是激发人们的创造力,"做中学""学中做"。而创新教育的根本任务是培养学生的品格素质,尤其是人格的培养。创新教育的核心是培养批判性的思维和创造力。最后,教育内容不同。创造教育强调的是将书本的知识带入生活中,"生活即教育",让学生在行动中求知,强调手脑并用的重要性。而创新教育突出一个"新"字。这里的"创新"指革新、新观念、新方法、新发明等,强调创造出新的东西,是改造现实、满足时代需求的创造,具有时代的特征。我们通常所说的创造,就属于这里的创新层面。

3. 创业教育(Entrepreneurship Education)

1989年,在"面向21世纪国际教育研讨会"上,针对未来人才素质的构成这一重要命题,大会提出了未来人都应掌握的三张"教育通行证",它们分别是"学术资历"(academic credentials)、"职业技能"(vocational skills)、"事业心和开拓技能"(being entrepreneurship)。"学习的第三张通行证"可以说是当时中国最为流行的学术话语之一,为了取得这张通行证而进行的教育也就是现在所说的"创业教育"。胡晓风等学者在国内较早开始了对创业教育的研究,他们以陶行知先生的生活教育思想为理论基础,于1988年9月开始在四川省合川县进行了生活教育的整体试验,并发表了一篇题为《创业教育简论》的文章。他所提出的创业教育是源于生活教育的创业教育,以培养合理的人生为宗旨,以民主教育、全民教育和全面教育为出发点和归宿。同时他还提出了创业教育的三原则:科技、教育、经济三结合;德育为本、创业为用以及学问与职业一贯。还着重强调要从现实情况出发实施创业教育,并对今后创业教育的思想发动和组织准备工作做了宏观和微观方面的思考。[①]学者们对创业教育的探讨以及实践者们对教育活动的探索,为我国之后创业教育的发展和教育革新提供了基本依据和行动准则。

关于"创业教育"的内涵学界还存在不同的理解。彭刚教授在所著的《创业教育学》中认为:"所谓创业教育,是指以开发和提高青少年的创业基本素质,培养具有开创性的社会主义建设者和接班人的教育;是在普通教育和职业教育基础上进行的,采取渗透和结合的方式在普通教育和职业教育领域实施的,具有独

---

① 胡晓风,姚文忠,金成林.创业教育简论[J].四川师范大学学报(社会科学版),1989(4):
　　1-8.

立的教育体系、功能和地位的教育。"① 有研究者认为,创业教育的培养目标是形成青少年的创业基本素质,其内容包括树立创业意识、培养创业心理品质、提高创业能力、形成创业知识结构。② 双传学认为,创业教育包括理想信念教育、劳动教育、勤俭节约教育、敬业爱业教育、创新教育、挫折教育六个方面。③ 张平认为: "创业教育是基于创新教育、创造教育基础上的教育,是相对就业教育而言的一种教育理念和教育模式。创业教育就是培养学生具备创业意识、创业精神和创业能力的教育。同时强调高等学校要以创造性和创新性为基本内涵,培养学生自觉预测社会就业形势变化并能积极应对这一变化的自主创业的能力和素质,是一种'创业性'教育。"④ 从以上对创业教育的理解可见,创业教育是在确认培养目标的基础上,以"知"为前提,以"行"为导向,针对受教育者未来职业规划以培养其创业基本素养的教育活动。

4. 创新创业教育(Innovative Entrepreneurship Education)

随着创新教育工作、创业教育工作的不断深入,逐渐形成了将两者整合的新趋势。2010 年正式采用"创新创业教育"这一新名词,并明确指出创新创业教育是适应经济社会和国家发展战略需要而产生的一种教学理念与模式。2015 年,国务院办公厅颁布了《关于深化高等学校创新创业教育改革的实施意见》,对加强创新创业教育提出明确要求,肯定了高校创新创业教育对提高高等教育质量、促进学生全面发展、推动毕业生创业就业、服务国家现代化建设发挥的重要作用。

要全面理解什么是"创新创业教育",首先需要先厘清创新教育与创业教育的关系。创新教育和创业教育是密不可分的,两者都是新的教育理念和教育模式。有学者指出:"创新教育是创业教育的基础。创业教育首先要教育学生具有创新意识、创新思维,养成创新人格,锻炼创新能力,在此基础上,还要传授给学生必要的创业知识和技能,训练其市场开发和经营能力,锻炼培养其创业心理品质。因此创业教育是创新教育的进一步延伸和实用化的体现,是一种更高层次的素质教育。"⑤ 还有学者提炼出两者的相同点和不同点,认为两者的共性要远远

---

① 彭刚 . 创业教育学 [M]. 南京:江苏教育出版社,1995:71.

② 傅振存 . 何谓创业教育 [J]. 基础教育研究,1999(3):4.

③ 双传学 . 创业教育浅探 [J]. 江苏高教,1999(4):78-80.

④ 张平 . 创业教育:高等教育改革的价值取向 [J]. 中国高教研究,2002(12):45-46.

⑤ 张德江 . 对创业教育的认识与实践 [J]. 中国高教研究,2006(5):10-11.

大于其个性。"两者的目标取向是一样的,都是要培养具有创新精神和实践能力的人;两者的作用是同效的,创新教育使创业教育融入了素质教育的要求,创业教育则使创新教育变得更为具体实在。当然,两者也有差别,创新教育注重对人发展的总体把握,更侧重于创新思维的开发。而创业教育则更注重的是如何实现人的自我价值,侧重于实践能力的培养。"[①]结合以上分析,我们认为,创新创业教育是创造教育、创业教育、创新教育的融合体,创造教育体现思维,创业教育体现生存,创新教育体现能力。创新创业教育是更高层次的素质教育,也就是说,创新创业教育是素质教育发展的新阶段,是素质教育的深化与延伸。

(二)特征分析

1. 共生性与综合性

2010年教育部提出"创新创业教育"这一新名词,并不是"创新教育"与"创业教育"的简单结合,而是将"创新"作为"创业"的推动力和支撑点,"创业"具有导向性。"创业的核心和本质是创新,创新支撑着创业。"[②]"创新创业教育"是一个具有中国特色的词汇,将"创新"与"创业"融合也表明政府对"创新教育"与"创业教育"共生性的肯定。有学者指出:"创新创业教育是一种综合性强、具有时代特征的教育模式。"[③]由于创新创业教育的特殊性,一些高校将其理念融入通识教育教学中,注重能力的培养和知识结构的优化设计,强调多学科、多领域的综合培养。

2. 协同性与合作性

基于创新创业教育本身的特点,要推动高校与政府、企业的沟通、联系,探索建立校校、校企、校地、校所及国际合作的协同育人新机制,建立健全知识资本化、创新商业化的科学路径,积极促进和努力形成大学在新经济中的中心地位,形成大学—企业—政府"三螺旋"关系。[④]高校协同政府、企业等组织机构共同确定了创新创业教育"协同联动、相互合作"的基本理念和实践动机。创新与创业不可分割,创新是创业的原动力,创业是创新的根本目的。

① 高晓杰,曹胜利. 创新创业教育——培养新时代事业的开拓者 [J]. 中国高教研究, 2007(7):91-93.
② 陈希. 将创新创业教育贯穿于高校人才培养全过程 [J]. 中国高等教育,2010(12):4-6.
③ 周炳. 创新创业教育的路径探析 [J]. 教育评论,2014(12):12-14.
④ 〔美〕亨利·埃兹科维茨. 麻省理工学院与创业科学的兴起 [M]. 王孙禹,等,译. 北京:清华大学出版社,2007:208.

3.社会性与实践性

高校这一"象牙塔"基本可以满足传统教育对各种物质、学术等资源的需求,但是创新创业教育作为一种新型的教育,要想使其成效达到最大化,学生必须从"象牙塔"中走出来。学生除了学习专业知识外,更需要的是"实业家""企业家"对成功经验的传授;教师不能固守传统的课堂教学,更需要科技孵化园、资金、资源等对教学和实践的支持。"创新创业教育更侧重通过情境性学习和实践活动提高学习者的综合素质和能力,提高学习者的独立生存、自我学习、独立思维判断能力以及社会性的公关、组织、管理能力等。"[①]创新创业教育与传统的通识教育不同,它更强调实践的重要性,在实际工作中,实践性是其最核心的特征。同时应以市场机制为准则,以社会需求为前提,使创新创业教育在社会发展中发挥强大的推动力。

第二节　创新创业教育的组织形式

创新创业学院作为高校近些年新设立的一种内部机构,学者对其概念认识还处于较为模糊的阶段,一些高校在设立内部机构时并没有弄清楚其真正的内涵。为了确定创新创业学院概念的内涵和外延,厘清本书的具体研究对象,下面将创新创业学院与其他相类似的组织形式进行比较。

高校的创新创业教育工作开展至今,各高校通过不同的组织形式推动创新创业教育的实践和深化,概括起来主要有四种组织形式:项目计划、创新实验区、创新创业实验班和创新创业学院。从本质上看,这四种组织形式均是为了开展创新创业教育、培养创新创业型人才,但其具体运行机制有所区别。

(一)项目计划

1997年,清华大学经济管理学院在 MBA 项目中开设创新与创业方向的课程,标志着我国高校创业教育的开始。[②]之后,创新创业教育在我国高校得以逐渐发展。高校开展创新创业教育首先是从设置相关选修课程开始的,主要是借

---

① 董世洪,龚山平 . 社会参与:构建开放性的大学创新创业教育模式 [J]. 中国高教研究,
　2010(2):64-65.

② 中华人民共和国教育部高等教育司 . 创业教育在中国:试点与实践 [M]. 北京:高等教育
　出版社,2006:41.

鉴引进了两个国际项目。① KAB（Know About Business）创新创业教育项目，是国际劳工组织为培养大学生的创业意识和创业能力而专门开发的教育项目。在我国，此项目是由中国共产主义青年团中央委员会（简称"共青团中央"）、中华全国青年联合会（简称"全国青联"）与国际劳工组织三方合作推广。为了更好地引进 KAB 这一教育项目，三方于 2005 年共同完成了《大学生 KAB 创业基础》教材的翻译和改编工作，并于次年开始试点。经过多年的实践与推广，目前已有 50 多所院校开设了大学生 KAB 创业基础课程，一般以选修课形式开展，学生可以获得相应的课程学分。② SIYB（Start and Improve Your Business）项目培训，是国际劳工组织为帮助微小企业发展、促进就业专门研究开发的一系列培训小企业家的培训课程，属于创业培训项目。其中国项目是由中国劳动和社会保障部、国际劳工组织共同实施。SIYB 包括 GYB（Generate Your Business Idea）、SYB（Start Your Business）、IYB（Improve Your Business）和 EYB（Expand Your Business）四种培训课程。目前我国已经引进了 GYB、SYB、IYB 三个培训模块，并取得了良好的社会效果。SLYB 创业培训可以转变学员的就业观念、激发他们的创业意识、增强创业技能和微小企业抗风险能力，能使学员在短时间内成为微型企业的老板。另外，我国开展的创新创业教育项目还有专门帮助青年创业的 YBC 中国青年创业国际计划、推动创业教育普及化的 NFTE 美国国家创业指导基金会项目以及一些国内外高校合作的项目等。

（二）创新实验区

2008 年，以九所试点院校为基础，教育部共立项建设了 32 个创新与创业教育类人才培养模式创新实验区（简称"创新实验区"）。创新实验区建设是各高校"质量工程"建设综合性改革的关键。32 个创新实验区涉及 31 所院校，具体实验区分布见表 1-1。

表 1-1　32 个创新实验区的具体名称

院校	实验区
清华大学	创业教育创新实验区
北京交通大学	国际化创业型工程与管理复合型人才培养模式创新实验区
北京航空航天大学	北航创业管理培训学院
燕山大学	机械工程"产学研互动"与"做中学"创业型人才培养模式创新实验区
大连理工大学	立体化创业教育人才培养模式创新实验区
黑龙江大学	基于专业教育深化改革的创业教育人才培养模式创新实验区

院校	实验区
上海交通大学	人才培养模式创新实验区——创新创业大讲堂
华东理工大学	基于 CSSO 的全程创业教育新模式
上海财经大学	财经人才创业教育创新实验人才培养实验区
上海对外贸易学院	本科大学生创业教育基地
东南大学	基于"知行合一"理念的生物创新创业人才培养实验区
江南大学	创新教育实验区
	生物工程专业高水平创新创业人才培养模式实验区
中国药科大学	生物医药创业型人才培养模式实验区
南京航空航天大学	创业教育实验区
苏州大学	理工结合模式培养化学化工科技创业人才实验基地
南京财经大学	创新创业型人才培养模式创新实验区
宁波大学	"平台·模块·窗口"式大学生自主创业教导模式创新实验区
温州大学	创业型人才培养温州模式创新实验区
浙江万里学院	基于合作性学习教学改革的创业教育人才培养模式创新实验区
江西财经大学	创业型人才"两层次"培养模式创新实验区
中国海洋大学	水产养殖学专业创业型人才培养模式创新实验区
华中科技大学	CDIO 型光电工程创新创业人才培养实验区
武汉理工大学	基于职业发展教育的全程化大学生创业教育模式创新实验区
中南大学	创业教育人才培养模式创业教育实验区
湖南大学	大学生创业型人才阶梯嵌入培养模式创新实验区
中山大学	本科生创业教育实验区
华南理工大学	电子信息类专业创业型精英人才培养模式创新实验区
广西大学	中国—东盟自由贸易区复合型创业人才培养模式改革实验基地
西南大学	农学类专业"顶岗实习支农"创业型人才培养模式创新实验区
西安交通大学	创业教育基地
西安电子科技大学	电子信息类大学生创业人才培养模式创新实验区

资料来源:《教育部财政部关于批准 2008 年度人才培养模式创新实验区建设项目的通知》,教高函〔2009〕4 号。

　　这些实验区从地域分布看,涉及 15 个省市:北京、河北、辽宁、黑龙江、上海、江苏、浙江、江西、山东、湖北、湖南、广东、广西、重庆和陕西。其中,江苏7个,上海4个,北京、浙江各3个,湖北、湖南、广东、陕西各2个,河北、辽宁、黑龙江、江西、山东、广西、重庆各1个。除江苏的江南大学立项2个外,其他高校各立项1个。

从归属看,有19个属于教育部直属高校,占59.4%;其他13个属于省属高校。可见,创新实验区以教育部直属高校为主。

从实验区名称看,有12个专业类实验区,包含工程与管理、机械工程、财经、生物工程、生物医药、化学化工、水产养殖、光电工程、电子信息类、农学类10个专业领域;其他20个为综合类人才培养实验区。本次实验区的立项以综合类人才培养实验区为主。有一半以上的实验区名称含"教育模式"或"培养模式",由此可看出,模式创建与非模式探索共享本次实验区立项。

从创新实验区运行看,第一,注重目标引领。创新实验区均明确了创业教育的内涵、目标与理念,确定了实验区建设的指导思想;主动与科技园、创业园、科教园、园区企业等对接,积极推动校内外创业教育资源的有机整合,结合地区和高校优势,探索出各具特色的创新创业人才培养方式;通过创业活动(如"挑战杯"等竞赛、创业讲座、沙龙、学生创业项目推介)、创业社团(如创业协会)、创业基地等途径增加创业教育的辐射广度。第二,加强师资队伍建设。拥有一批创业型教师队伍,通过多种方式、多种手段遴选教师,发挥专业性和引导作用。同时对创业教育的管理制度、经费投入、配套服务等提供多重保障。第三,推进学分制人才培养方案。部分高校如上海财经大学修改学分制培养方案,设置创业教育类学分;自2009级起,规定本科生在校期间至少要获得2学分的创业教育类学分,2006级至2008级学生可以选修创业教育类模块课程。[①] 第四,优化管理体制机制。有部分院校加强了对创业教育的组织和领导,如江西财经大学设立全校性的创业教育指导委员会,从全校高度进行组织协调,确保各层面、各部门之间流畅运转,同时规划、指导、处理创业型人才培养过程中的重大事务。[②] 上海对外贸易学院实验区立项以后,组建由校长和书记主抓的创业教育领导工作小组,构建跨部门、跨学院的校内外结合、资源共享的组织架构,完善创业教育的组织管理

---

① 中华人民共和国教育部高等教育司. 高等学校创业教育经验汇编 [M]. 北京:高等教育出版社,2011:78.
② 中华人民共和国教育部高等教育司. 高等学校创业教育经验汇编 [M]. 北京:高等教育出版社,2011:121.

体系。[①] 第五,总结经验教训。我们对创新实验区成立以来的教育管理、教育模式、课程建设、师资队伍、实践体系和组织管理等方面进行系统总结,发现虽取得了阶段性的效果,但也存在师资相对薄弱、课程缺乏专业支撑、教学方式较单一、实践教学相对欠缺、教育成效难以检测等问题,这也为今后高校开展创新创业教育工作指明了改革和努力的方向。

(三)创新创业实验班

在高校进行"普及化"的创新创业教育的基础上,许多高校涌现出一些有志于创业或有创业潜质的学生。由于这类学生数量相对较少,且分散于各个学院,若由各个学院分别进行创业精英教育成本较高,且教育成效难以保证,所以将他们组成一个班级进行集中化小班教学,既减少了教育成本,又有利于交流。如温州大学通过"创业先锋班""企业接班人班""淘宝班"等多种形式创办大学生创业改革试点班,在整合全校创业教育资源的基础上,依托温州的地方企业资源,加强对学生创业基础理论和实践能力的培养。根据不同的班级设置不同模块的创业类课程,并结合案例教学、沙盘模拟、商业模拟游戏等教学手段,让学生获得相应的商业知识储备。江西财经大学通过申请推进和考核审查选拔的形式组成创业精英班,以第二专业的形式组织教学,开设针对性的创业知识课,并进行专项的创业训练等。

与传统的大班教学相比,实行小班式教学更突出培养学生的个性。小班化教学可以根据各班实际要求细化需要学习和了解的问题,加强针对性,提高课程效率,同时可以进行互动性很强的研讨活动,如对商业计划书的撰写、团队的精神培养,在一定程度上可以提高创新创业型人才的培养水平。但由于其实际覆盖面较窄且教育具有"滞后性",所以其教育效果不尽如人意且难以有效评估。

第三节　创新创业学院

前述三种组织形式是高校开展创新创业教育的探索,为创新创业学院的产生提供了经验。但创新创业学院这种组织形式的内涵与特征是什么,我们还需要进一步厘清。

---

① 中华人民共和国教育部高等教育司. 高等学校创业教育经验汇编 [M]. 北京:高等教育出版社,2011:67.

一、内涵分析

"大学是综合性组织体,它一方面把化学家、心理学家和历史学家这些不同的专家联系在一起,另一方面又将专家与非专家,教授、学生与行政管理人员联系在一起。"[①] 高校创新创业学院依附于大学这一庞大的组织,虽有其相对独立的行政部门、教学部门、管理部门等,但是在资源配置、协同育人、资金支持等方面还需要大学和其他学院的共同努力,而学院对大学的合理依赖也有利于大学的资源共享、跨学科专业的发展、学术交流、现代大学制度的建构和深化大学全面改革的实施。目前我国高校主要采用校—院—系三级管理体制,学院是高校内部直接参与教学、科研和管理的实体性机构。[②] 创新创业学院的产生是时代发展、大学承担责任的必然产物。大学作为探究高深学问、进行科学研究的重要场所,学院是这一重要场所的操作实体。

西方现代管理理论中社会系统学派的创始人巴纳德认为正式组织是指有意识地协调两个以上的人的活动和力量的体系,从中我们可以看出组织包含的三种要素:协作的意愿、共同的目标和信息沟通。无论是国家科研组织、企业研发机构还是大学组织,三要素都在其中发挥着重要作用。

而学院组织作为大学内部的一种组织机构,主要围绕人才培养和科学研究展开,是以学科和专业为主要构成基础,行使管理等行政职能、教学等学术职责的一种建制完整的组织机构。屈振辉从结构功能主义的视角认为,创新创业学院在整体上具有整合适应功能:教学研究是其基本功能,主要由教研室承担;孵化实训是它的特有功能,由孵化基地承担;交流和选项功能由创客空间和竞赛办公室承担;筹资推介功能由基金会和推介办公室承担;并提出,治理结构是创新创业学院发挥功能的关键,采用理事会领导下的院长负责制比较适宜,同时还应发挥教学指导和专家咨询等作用。[③]

根据前文的梳理以及在对传统学院组织理解的基础上,笔者认为高校创新创业学院是坚持"以生为本"、促进学生全面发展为教育理念,在实行院长负责制的前提下,政府、企业等多个利益主体进行领导和管理,以理论与实践等多形式课程的开展作为知识传授的主要途径,在政策制度、经费场地、宣传引导等多种

---

① 〔美〕伯顿·克拉克. 高等教育系统——学术组织的跨国研究 [M]. 王承绪,等,译. 杭州:浙江教育出版社,1994:33.

② 宜勇. 大学组织结构研究 [M]. 北京:高等教育出版社,2005:143.

③ 屈振辉. 我国高校创新创业学院的功能与结构论析 [J]. 继续教育研究,2018(6):34-38.

保障下进行人才培养和科学研究的高校内设性机构。这一概念有以下几个方面的内涵:第一,高校创新创业学院是高校内部的一类人才培养机构;第二,该类学院与多个利益主体相关;第三,学院办学与运行具有开放性。

二、基本特征

根据现实情况来看,创新创业学院具有生源选拔性、培养特色性、保障多样性等特点。

第一,生源选拔性。与高校普通学院的学生根据高考志愿录取不同,创新创业学院的学生大多是通过二次选拔或免费申请的方式进入学院学习。各个院校依据自身定位、培养目标、课程设置、运行模式和学院出台的关于学院学生管理办法等相关条例,在选拔对象、选拔人数、申请条件、报名和录取程序等方面都有相应的标准,但大多实行"严格化"申请,规范准入制度,一般采取个人申请和学院推荐相结合的方式,并对原专业成绩有一定的要求,以确保生源的质量和水平。

第二,培养特色性。作为高校的新型内设机构,创新创业型人才的培养与其他二级学院的人才培养不尽相同。例如,确定"三创"教育理念、"点面结合"理念以及"理论与实践相结合"理念;培养专兼结合的教师队伍;构建"融合式""小班化""面向实战""分段式"教育模式;形成了"一体多元"的课程体系。与普通二级学院不同,其培养时限在半年到两年之间,以特殊的人才培养体系来确保创新创业型人才培养目标的实现。

第三,保障多样性。创新创业学院的教育工作离不开全方位的保障措施。创新创业学院在开展创新创业教育过程中有政策制度、经费场地、宣传引导三大保障;国家和高校均出台了一系列激励政策,制定了相关的管理制度,并给予了充分的经费和场地,加强宣传支撑,让学生"不出校园也可以创业",同时不影响自己的学业。

上述基本特征决定了创新创业学院在实践理念、制度规则和运行机制上不同于传统的高校基层学术组织——学院的结构、治理方式等。

三、项目计划、创新实验区、创新创业实验班与创新创业学院的关系

项目计划是为实现人才培养目标而开展的一门课程;创新实验区是进行人才培养模式探索的一项行动方案;创新创业实验班作为班级,是最基本的教学组

织形式。严格地说,创新创业学院是在项目计划、创新实验区、创新创业实验班的基础上逐渐演化而来的(这一点将在下一章节中进行重点论述)。项目计划是创新创业实验班的重要课程内容之一,创新创业实验班是创新实验区、创新创业学院的具体实施单位。创新创业学院一般下设办公室和多个教育实践中心,负责整合整个学校的教育资源,协调各部门的工作。其功能大致包括人才培养的实践和改革、创新创业实践基地的建设、大学生创新创业活动的组织与实施、大学生创新成果的孵化与转化、大学生创客基地的建设等,是一个集创新创业教育、培训、实训、孵化、服务等多种功能于一体的组织机构,见图 1-1。

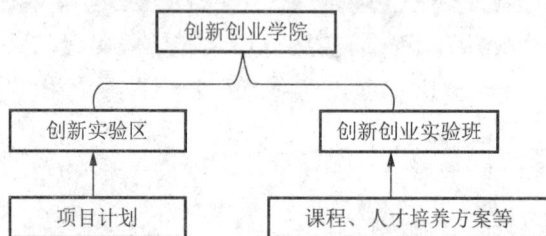

图 1-1　项目计划、创新实验区、创新创业实验班、创新创业学院的关系图

第二章

高校创新创业学院的生成探源

创新创业学院作为高校培养创新创业型人才的组织形式之一,已成为高校开展创新创业教育工作最有利、最有效的保障。那么它是如何生成和发展的呢? 是国家政策的鼓励还是高校自身发展的战略需求? 是外部力量的推动还是内部组织的革新? 为了回答这一问题,本章将通过政策文本分析的方法探讨高校创新创业学院的设立原因和发展过程、特点。

第一节 创新创业教育相关政策文本的回顾

政策工具是指政府为了解决政策问题、实现政策目标所采取的手段、方法和实现机制。根据对政策对象施加影响的方式不同,[①] 一项政策的出台,需要关注政策目标、政策资源、目标群体、政策执行机构和政策工具应用的背景等因素。[②] 研究者们从政策工具视角对公共政策进行了研究和分析。萨拉蒙在其《政府工具:新治理指南》一书中,讨论了通常使用的 20 种政府工具,并总结了它们的基本特征、应用模式、主要目标、政治合理性以及面临的主要的管理挑战等。[③]

汤志伟等将政策工具大致区分为引导性政策工具、控制性政策工具和混合

---

① 和俊民. 基于政策分析视角的中国退休政策改革研究 [D]. 武汉:华中科技大学博士学位论文, 2018:49.

② 陈振明, 张敏. 国内政策工具研究新进展:1998—2016[J]. 江苏行政学院学报, 2017(6):109-116.

③ 转引自黄红华. 政策工具理论的兴起及其在中国的发展 [J]. 社会科学, 2010(4):13-19.

性政策工具,并构建了工具性与内容性二维分析框架对中美开放数据政策进行比较分析。[1] 政府分析需要借助多学科的理论与方法,也需要分析者具有敏锐的洞察力、丰富的想象力和过人的创造力,因此,政策分析既是技术也是艺术。[2] 洪浏等认为,社会政策分析的三种不同取向分别是证据为本、价值为本和参与为本,各自遵循不同的逻辑,有不同实践方式。[3] 对政策工具的研究和考察表明,它对于某一项事件的推动具有定向和指导作用,对我们了解相关政策的出台背景、动因、政策效果以及如何完善政策具有启示功能。

关于高校创新创业相关政策的考察,高扬等将我国创新创业政策发展划分为萌芽阶段(1999—2002年)、试点阶段(2002—2008年)和全面推进阶段(2009年至今)三个阶段,并提出削弱创新创业教育政策目的的功利性、增强创新创业教育政策发展的持续性、拓展创新创业教育实施的路径与方法等健全相关政策的建议。[4] 吴立保等从宏观结构、中观制度和微观行动者层面解读制度变迁的影响因素,认为深层结构、路径依赖和动力机制构成了历史制度主义的基本分析框架;通过此分析框架,作者提出"要完善我国大学生创新创业政策,必须明确大学生创新创业政策的目标定位,完善大学生创新创业政策内容体系,强化大学生创新创业政策的执行力度,健全大学生创新创业政策评价机制"[5]。这些研究从历史维度,运用制度分析方法对我国创新创业政策进行了分析并指出其存在的不足,为本书提供了借鉴和参考。

一、高校创新创业教育的制度供给

从1988年胡晓风先生提出并阐释了"创业教育"这一概念后,到1999年《面向21世纪教育振兴行动计划》文件中加以提出,再到2010年教育部正式提出"创新创业教育"这一概念并进行界定,经历了20多年的发展。从这一发展过程

① 汤志伟,龚泽鹏,郭雨晖. 基于二维分析框架的中美开放政府数据政策比较研究 [J]. 中国行政管理,2017(7):41-48.

② 和俊民. 基于政策分析视角的中国退休政策改革研究 [D]. 武汉:华中科技大学博士学位论文,2018:47.

③ 洪浏,Anne Westhues. 社会政策分析的三种取向与社会工作实践 [J]. 中国社会工作研究,第十六辑:99-123.

④ 高扬,付冬娟,邵雨. 我国创新创业教育政策历史演变、合理性分析及建议 [J]. 创新与创业教育,2015(6):18-22.

⑤ 吴立保,吴政,邱章强. 我国大学生创新创业政策的变迁逻辑与政策建议——基于历史制度主义的分析 [J]. 阅江学刊,2017(3):89-101.

可以看出：国家对创新创业教育工作是十分重视和充分肯定的，创新创业教育是国家发展教育强国不可或缺的组成部分和重要内容。笔者统计了自1994年到2018年这24年来教育部、国务院办公厅等颁布的32个重要的政策文件（表2-1），发现创新创业教育的产生、确立和发展是国家顶层设计和路径选择的结果。

表2-1　创新创业教育相关国家政策的主要内容

序号	领域	文件名称	颁布时间	内容与措施	标志
1	爱国主义教育	《爱国主义教育实施纲要》	1994年	在新的历史条件下，加强爱国主义教育，继承和发扬爱国主义传统，团结全国各族人民自力更生、艰苦创业，为建设中国特色社会主义的宏伟事业而奋斗	—
2	德育教育	《关于进一步加强和改进学校德育工作的若干意见》	1994年	要重视培养学生的开拓进取、自强自立、艰苦创业精神	—
3	高等教育	《关于在部分高等院校开展"创办你的企业"（SYB）培训课程试点的通知》	2004年	决定在全国37所大学开展以SYB为主要内容的创业教育	—
4		《大学生职业发展与就业指导课程教学要求》	2007年	各高校根据《大学生职业发展与就业指导课程教学要求》制定本校就业指导课程教学大纲和教学计划	—
5		《关于促进以创业带动就业工作的指导意见》	2008年	完善扶持政策，改善创业环境；强化创业培训，提高创业能力；健全服务体系，提供优质服务；加强组织领导，推动工作开展	进一步指导、规范和大力推进以创业带动就业工作
6		《高校学生科技创业实习基地认定办法（试行）》	2010年	设立"双实双创"基地，为在校生和应届毕业生以及毕业两年（含两年）的往届毕业生提供创业支持	—
7		《关于大力推进高等学校创新创业教育和大学生自主创业工作的意见》	2010年	大力推进教育工作；加强基地建设，打造支撑平台；落实和完善大学生扶持政策，加强创业指导和服务工作；加强领导，形成工作合力	这一纲领性文件明确了价值定位，突出了"广谱式"教育的政策导向
8		《关于做好核发〈高校毕业生自主创业证〉有关工作的通知》	2010年	主要包括三个方面内容：一是发放对象和自主创业税收优惠政策享受流程；二是申领过程和审核发放；三是加强领导，着力做好监督和管理工作	—

续表

序号	领域	文件名称	颁布时间	内容与措施	标志
9	高等教育	《教育部关于全面提高高等教育质量的若干意见》	2012 年	创新人才培养模式；加强创新创业教育和就业指导服务；提升高校的科技创新能力	—
10		《普通本科学校创业教育教学基本要求（试行）》	2012 年	制定创业教育教学基本要求；"创业基础"教学大纲（试行）	整体规划和顶层设计
11		《关于做好 2014 年全国普通高等学校毕业生就业创业工作的通知》	2014 年	多举措确保就业形势稳定	—
12		《关于做好 2015 年全国普通高等学校毕业生就业创业工作的通知》	2014 年	强化就业创业服务体系建设，提升大学生就业创业比例	—
13		《关于进一步做好新形势下就业创业工作的意见》	2015 年	着力培育大众创业、万众创新的新引擎，实施更加积极的就业政策，把创业和就业结合起来，以创业创新带动就业	部署进一步促进就业、鼓励创业，以稳就业、惠民生、助发展
14		《关于深化高等学校创新创业教育改革的实施意见》	2015 年	人才培养机制、课程体系、实践、教学和学籍管理制度、指导服务、资金支持和政策保障	全面部署深化高校创新创业教育改革工作
15		《关于做好 2015 年离校未就业高校毕业生就业服务工作的通知》	2015 年	进一步落实鼓励大学生创业的财政、金融、工商、基地等政策措施，加大创业政策扶持力度，帮助解决创业过程中遇到的难题	—
16		《关于做好 2015 年全国普通高等学校毕业生就业创业工作的通知》	2015 年	设置创新创业教育课程，开发开设创新创业教育必修课和选修课，纳入学分管理	—
17		《关于开展全国普通高校毕业生精准就业服务工作的通知》	2016 年	各地各高校要充分利用"互联网+"就业新模式；要重点关心家庭困难毕业生、少数民族毕业生、农村生源毕业生、残疾毕业生等各类就业困难群体，做到精准帮扶，帮助他们尽快实现就业创业；维护毕业生合法权益，确保高校毕业生就业创业工作平稳有序	—

续表

序号	领域	文件名称	颁布时间	内容与措施	标志
18	高等教育	《关于进一步做好高校毕业生就业创业工作的通知》	2016年	持续推进高校毕业生就业;着力抓好大学生创新创业;精准推送就业创业指导服务;切实加强困难帮扶;维护高校毕业生合法权益;做好思想教育和宣传引导工作	—
19	高等教育	《关于做好2017届全国普通高等学校毕业生就业创业工作的通知》	2016年	深入推进创新创业教育和自主创业工作;进一步提升就业指导水平和服务能力;推动高校人才培养主动适应经济社会发展需要	—
20	高等教育	《教育部办公厅关于做好2018年深化创新创业教育改革示范高校建设工作的通知》	2018年	深入推进创新创业教育与专业教育、思想政治教育、职业道德教育紧密结合,深层次融入人才培养全过程。全力打造一批创新创业教育优质课程,开展高质量创新创业教育师资培训,着力构建中国特色、世界水平的创新创业教育体系	更高层次、更深程度、更关键环节上深入推进创新创业教育改革
20	高层次人才	《国家高层次人才特殊支持计划》	2012年	形成与"千人计划"相互衔接的高层次创新创业人才队伍建设体系	—
21	高层次人才	《关于改革完善博士后制度的意见》	2015年	通过股权、期权、分红等激励方式,调动博士后研究人员创新创业的积极性,大力支持博士后研究人员创新创业,促进科研成果转化	—
22	综合	《面向21世纪教育振兴行动计划》	1999年	实施"高层次创造性人才工程";实施"高校高新技术产业化工程"	这是我国政府首次正式回应创业教育,标志着我国政府把创业教育纳入国家发展战略考虑之中
23	综合	《关于深化教育改革全面推进素质教育的决定》	1999年	实施素质教育	—
24	综合	《关于完善社会主义市场经济体制若干问题的决定》	2003年	构建现代国民教育体系和终身教育体系,建设学习型社会	中国的创业教育迈向新台阶的标志

序号	领域	文件名称	颁布时间	内容与措施	标志
25	综合	《国家中长期教育改革和发展规划纲要（2010—2020年）》	2010年	创立联合培养人才的新机制；充分发挥高校在国家创新体系中的重要作用	这是中国进入21世纪之后的第一个教育规划，是今后一个时期指导全国教育改革和发展的纲领性文件
26		《关于全面深化改革若干重大问题的决定》	2013年	完善扶持创业的优惠政策	—
27		《关于发展众创空间 推进大众创新创业的指导意见》	2015年	推进大众创新创业，要坚持市场导向、加强政策集成、强化开放共享、创新服务模式	—
28		《关于大力推进大众创业万众创新若干政策措施的意见》	2015年	创新体制机制，实现创业便利化；优化财税政策，强化创业扶持；搞活金融市场，实现便捷融资；建设创业创新平台，增强支撑作用；激发创造活力，发展创新型创业；拓展城乡创业渠道，实现创业带动就业；加强统筹协调，完善协同机制	这是推动大众创业、万众创新的系统性、普惠性政策文件
29		《关于加快构建大众创业万众创新支撑平台的指导意见》	2015年	创新发展理念，着力打造创新创业新格局；全面推进众创，释放创新创业能量；积极推广众包，激发创新创业活力；立体实施众扶，集聚创新创业合力；稳健发展众筹，拓展创新创业融资	是对大力推进大众创业、万众创新和推动实施"互联网+"行动的具体部署，是加快推动众创、众包、众扶、众筹等新模式、新业态发展的系统性指导文件
30		《关于制定国民经济和社会发展第十三个五年规划的建议》	2015年	落实"引领计划"，带动青年就业创业	将就业创业作为共享发展的重要内容，对"十三五"时期的就业创业工作提出了新要求，明确了基本方向和战略任务

序号	领域	文件名称	颁布时间	内容与措施	标志
31		《教育脱贫攻坚"十三五"规划》	2016 年	大力发展职业教育和培训,以提升建档立卡等贫困人口的基本文化素质和技术技能水平为重点,全面提升贫困地区人口就业创业、脱贫致富能力	—
32	综合	《关于深化教育体制机制改革的意见》	2017 年	把创新创业教育贯穿人才培养全过程,建立健全学科专业动态调整机制,完善课程体系,加强教材建设和实训基地建设,完善学分制,实施灵活的学习制度,鼓励教师创新教学方法	—

（一）起步于创业教育

中华人民共和国劳动和社会保障部、教育部 2004 年颁布的《关于在部分高等院校开展"创办你的企业"(SYB)培训课程试点的通知》(劳社厅函〔2004〕234 号)提出,"创业培训是促进自谋职业、自主创业和灵活就业的重要手段,在大学开展创业培训课程,对于提高大学生的创业能力,促进大学生自谋职业、自主创业和灵活就业,以及深化教育体制改革、全面推进素质教育,都具有极其重要的意义。希望参加试点的高等院校,加强领导、周密组织、勇于探索、大胆实践,为做好大学生创业培训工作积累经验,引导和帮助更多的大学生走自主创业道路"。根据此文件可知,我国高校的创新创业教育起步于创业教育,而且是针对劳动和社会保障部、教育部 2004 年的高职院校毕业生职业资格培训工程推进实施的。很明显,这是在我国 1999 年高校扩招后,为规范高职院校毕业生职业资格而实施的行动;也是我国高校毕业生从传统计划经济"分配制"向"自主择业"的一次实质性转变。2007 年教育部颁布的《大学生职业发展与就业指导课程教学要求》(教高厅〔2007〕7 号)的第六部分"创业教育"指出,实施创业教育的教学目标是:"使学生了解创业的基本知识,培养学生的创业意识与创业精神,提高创业素质与能力",即围绕知识、能力和素质三个维度引导大学生构建自身的创业能力。

（二）以创业带动就业

国务院办公厅 2008 年颁布《国务院办公厅转发人力资源社会保障部等部门

关于促进以创业带动就业工作指导意见的通知》后,教育部、科技部于 2010 年联合发布《高校学生科技创业实习基地认定办法(试行)》,其目的在于"进一步发挥高新技术产业开发区、大学科技园等园区在创新创业人才培养、以创业带动就业、促进区域经济发展方面的作用,加强和规范高校学生科技创业实习基地的建设、运行和管理"。该文件的出台,核心是贯彻落实"以创业带动就业"精神。相比于 2004 年的《关于在部分高等院校开展"创办你的企业"(SYB)培训课程试点的通知》和 2007 年的《大学生职业发展与就业指导课程教学要求》,本文件从高校内部走向高校外部,"高校学生科技创业实习基地是指依托高新技术产业开发区、大学科技园或其他园区等设立的,为高校学生提供实习、实训、创业和就业的综合服务平台,简称'双实双业'基地"。其目的在于整合相关平台资源,推进以创业带动就业。

(三)构建创新创业教育体系

2010 年教育部发布的《关于大力推进高等学校创新创业教育和大学生自主创业工作的意见》(教办〔2010〕3 号)指出:"在高等学校开展创新创业教育,积极鼓励高校学生自主创业,是教育系统深入学习实践科学发展观,服务于创新型国家建设的重大战略举措;是深化高等教育教学改革,培养学生创新精神和实践能力的重要途径;是落实以创业带动就业,促进高校毕业生充分就业的重要措施。"其目的是在高校全面贯彻党的十七大提出的"提高自主创新能力,建设创新型国家"和"促进以创业带动就业"发展战略。该文件明确提出"创新创业教育是适应经济社会和国家发展战略需要而产生的一种教学理念与模式",并从创新创业教育课程体系建设、创新创业师资队伍建设、创新创业实践活动开展、质量检测跟踪体系建立、理论研究和经验交流、创业基地建设、创业扶持政策、创业资金保障以及组织领导等方面提出了具体的实施办法。这标志着我国高校创新创业教育体系正式建立。

(四)以标准引领创新创业教育

2010 年发布《国家中长期教育改革和发展规划纲要(2010—2020 年)》后,以标准引领高校创新创业教育的认识逐步形成。2012 年教育部发布的《教育部关于全面提高高等教育质量的若干意见》(教高〔2012〕4 号)指出:"全面实施素质教育,把促进人的全面发展和适应社会需要作为衡量人才培养水平的根本标准。建立健全符合国情的人才培养质量标准体系,落实文化知识学习和思想品德修养、创新思维和社会实践、全面发展和个性发展紧密结合的人才培养要求。会同相关部门、科研院所、行业企业,制定实施本科和高职高专专业类教学质量国家标准,制定一级学科博士、硕士学位和专业学位基本要求。鼓励行业部门依据国家标准制定相关专业人才培养评价标准。高校根据实际制定科学的人才培养方案。"在此基础上,该文件特别强调"把创新创业教育贯穿人才培养全过程。制定高校创新创业教育教学基本要求,开发创新创业类课程,纳入学分管理"。同年,教育部印发《普通本科学校创业教育教学基本要求(试行)》(教高厅〔2012〕4号),旨在"推动高等学校创业教育科学化、制度化、规范化建设,切实加强普通高等学校创业教育工作"。它从教学目标、教学原则、教学内容、教学方法、教学组织五个方面对普通本科学位创业教育教学提出了规范要求。

(五)以高质量就业推进创新创业教育

为贯彻党的十八大对创新创业人才培养做出的重要部署,2015年,国务院颁布的《关于深化高等学校创新创业教育改革的实施意见》(国办发〔2015〕36号)提出,"深化高等学校创新创业教育改革,是国家实施创新驱动发展战略、促进经济提质增效升级的迫切需要,是推进高等教育综合改革、促进高校毕业生更高质量创业就业的重要举措"。该文件提出以"育人为本、问题导向、协同推进"为基本原则,实现高校创新创业改革的总体目标:"2015年起全面深化高校创新创业教育改革。2017年取得重要进展,形成科学先进、广泛认同、具有中国特色的创新创业教育理念,形成一批可复制可推广的制度成果,普及创新创业教育,实现新一轮大学生创业引领计划预期目标。到2020年建立健全课堂教学、自主学习、结合实践、指导帮扶、文化引领融为一体的高校创新创业教育体系,人才培养质量显著提升,学生的创新精神、创业意识和创新创业能力明显增强,投身创业实践的学生显著增加。"这预示着从国家发展战略视角,高校创新创业教育须落地、生根、结果,并产生影响。

自2004年至今,我国高校创新创业教育经历了起步于创业教育、以创业带动就业、构建创新创业教育体系、以标准引领创新创业教育、以高质量就业推进创新创业教育几个阶段。表现为从局部试点到全面展开、从关注就业到关注人的发展、从具体的教学要求到系统的体系构建、从就业资格要求到标准引领等特点。由于高校创新创业教育涉及理念、制度、机制等多个层面的改革,关系不同利益群体的价值取向,当下及今后一个时期,高校创新创业教育的深化还应在实践中探索,着力于强化组织机构载体建设、推动资源整合、完善制度供给等,真正实现创新创业教育的稳步发展,形成具有中国特色的创新创业教育。

二、高校创新创业教育政策特点分析

从历年的政策文件中可以看出,创新创业教育起初是国家为了解决高校扩招后带来的严峻就业问题而提出的。其首先在试点院校推行,取得了初步成效后开始在全国推广,并首先引入课程教学中。创业以创新为基础,创新以创业为载体。从政策文件中可以看出政府对高校提出了更具体、更高的要求,也指明了高校积极探索的时间和内容。从近几年的相关文件和制度规定来看,高校创新创业教育的发展主要有以下变化。

从"单创"到"双创"。2010年教育部将"创业教育"改为"创新创业教育",表明对创新教育与创业教育的共生性已达成共识;提出应大力推进高等学校创新创业教育工作,着重强调深入学习实践科学发展观、服务于创新型国家建设、深化教学改革、促进毕业生充分就业等。这种变化,从整体上看,主要有以下几个原因:一是基于大学毕业生就业方式的变化,即从传统的包分配到双向就业再到自主择业;二是市场经济体制的确立为创新创业教育的开展创造了条件;三是以消费为导向的社会供求关系的变化倒逼高等教育供给侧改革。

从"小众"到"大众"。从设立基地、参加竞赛等面向"小众"的活动到开发开设创新创业教育课程,并融入人才培养体系的面向所有学生的系统设计。2010年开始教育部发布的一系列文件中均明确提出要将创新创业教育贯穿人才培养的全过程,向"全覆盖""广谱式"方向发展,并且注重引导、分类施教、结合专业、强化实践。同时由于政府的资金支持和政策保障,各高校基础设施和资源日趋完善,建立健全专门的服务机构,让更多的人参与、惠及更多的群体不仅是高校也是政府一直努力的方向。从"小众"到"大众"的变化其实反映了从试点到普及的思想,即先从一小部分开始探索,形成经验后再推广。

从固定学制到弹性学制。这一转变,突破了学生在校学习年限的规定。据官方数据统计,2015年、2016年、2017年全国高校毕业生总数分别是749万人、765万人、795万人,呈现逐年增长的趋势。同时用人需求结构化矛盾突出,高校毕业生体制机制存在障碍。为了实现更加充分地高质量就业,全面推进创新创业教育和自主创业工作,推动高等教育更好地适应经济社会发展的需求,各高校根据自身的特点对休学创业的大学生给予最大限制的支持和保障。在扶持的深度和广度上都强调精准扶持,更加突出创新创业教育的针对性和实际成效。学制的变化反映出适应主体需求多样化的现实背景:固定学制强调的是系统知识的学习和建立,而弹性学制更注重知识学习与实践的有机结合。这也反映出学校预设的课程体系的学习时间并不适用于所有受教育者,应当允许受教育者有自己选择学习时间的自由,从而使其在接受高等教育时能选择适合自己的知识建构方式和能力形成过程。

从局部到整体。从 SYB 培训课程在部分高校试点到职业发展与就业指导课程的开展,再到创业课程的总体规划,最后到规定所有高校设置创新创业类课程;从设立"双实双创"基地的单一扶持到政策、制度、资金等全方位的扶持;从创业促进就业的短期发展到促进大学生创新思维、全面发展的长期规划;从职业就业规划方面的教育到贯穿大学生全过程教育的思想转变;从政策的制定、实施到问题的产生、改革,国家出台的相关政策无一不是高校创新创业教育工作开展的方向指引。2017 年中共中央办公厅、国务院办公厅印发的《关于深化教育体制机制改革的意见》中明确提出要建立健全学科专业动态调整机制,完善课程体系,加强教材建设和实训基地建设,完善学分制,实施灵活的学习制度,鼓励教师创新教学方法等,重点突出了创新创业教育工作的体系化和持续性,这也是对高校开展创新创业教育工作的重视和完善。自此,局部的创业教育到整体的教育体制机制改革顶层设计基本完成。这也表明,创新创业教育是一个系统工程,涉及理念转变、制度设计和运行过程的探索。

第二节　高校创新创业教育:组织与行动

从出台的关于高校创新创业教育的相关政策可见,政府对高校创新创业给予了充分的重视。那么,相关部门和高校有哪些表现呢? 我们通过调研和梳理发现,高校创新创业教育在组织和行动上主要有:基于"挑战杯"的高校创新创业教育、基于项目与试点的高校创新创业教育推动、基于改革的高校创新创业教育行动、基于组织建设的高校创新创业教育发展。

一、基于"挑战杯"的高校创新创业教育

1988 年胡晓风在深入研究陶行知先生的教育思想基础上,结合在四川的多

年实践经验提出了"创业教育"这一概念,而后创业教育实验开始在全国范围内推广实行。其中影响力最大的要数提高青少年创业能力教育联合革新项目。1990年7月中国作为项目国家参与此次创业教育的研究与实施,之后约每四个月进行一次国家性活动,主要交流各单位项目的试验情况和经验,并解决试验中出现的一些问题。当时确定了在北京、江苏、湖北、河北、四川、辽宁这"五省一市"进行布点试验。该试验第一阶段(1990年下半年到1991年)主要在基础教育和继续教育(成人教育)两个领域展开;第二阶段(1992年到1995年6月)的研究重点逐渐转移到职业教育和基础教育领域。由此可见,这一时期的创业教育还未在普通本科院校启动。

1997年创业教育开始在部分高校开展。1997年1月,清华大学成立学生科技创业者协会,该协会将工作重心放在举办和麻省理工学院(MIT)类似的商业计划竞赛上,并把这一竞赛命名为"创业计划大奖赛"。次年5月,清华大学举办了首届创业计划大赛。据资料统计,当年共有320名学生组成了98支创业团队(竞赛小组)参加竞赛,提交了114份创业计划书。参赛选手仅来自北京的部分高校,如清华大学、北京大学、中国人民大学、北京交通大学、北京农业大学,本科生、硕士生、博士生均有涉及。此次大赛历时5个多月,受到了各界的广泛关注,在全国高校产生了不小的影响。1999年,该赛事改名为"挑战杯"。1999年首届"挑战杯"中国大学生创业计划竞赛由清华大学承办(此后于2000年、2002年、2004年、2006年、2008年、2010年、2012年由上海交通大学、浙江大学、厦门大学、山东大学、四川大学、吉林大学、同济大学分别承办),由共青团中央、中国科学技术协会(简称"中国科协")、教育部、中华全国学生联合会(简称"全国学联")、地方人民政府等主办。后为贯彻落实习近平总书记系列重要讲话和党中央有关指示精神,适应大学生创业发展的形势需要,在原有"挑战杯"中国大学生创业计划竞赛的基础上,共青团中央、教育部、人力资源和社会保障部、中国科协、全国学联决定,自2014年起共同组织开展"创青春"全国大学生创业大赛。

自此,创新创业活动的热潮在高校兴起,在大赛的获奖作品中(现列举第一届"挑战杯"中国大学生创业计划竞赛获奖名单,见表2-2)孕育了一批高科技公司,如清华大学三名在校学生利用超大屏幕投影机这一核心技术创立"视美乐"公司;再如Fanso、慧点、瑞福科技、汗青环保、奇乐无限等数十家创业公司。同时许多清华学子的创业能力在创业计划大赛中得到了全面提高。

表 2-2　1999 年第一届"挑战杯"中国大学生创业计划竞赛获奖名单

奖项	获奖高校	获奖作品
金奖（10 项）	清华大学	Fanso 网络信息服务创业计划
		博创生医成型公司创业计划
		视美乐科技发展有限公司创业计划
	东华大学	医用甲壳质缝合线创业计划
	天津大学	第四代高纯水技术与装置创业计划
	上海交通大学	网上出版与 IRead 阅读器创业计划
	北京师范大学	今日校长在线创业计划
	北京大学	Self 心理测评公司创业计划
	复旦大学	WAY 威媒体传播有限公司创业计划
	厦门大学	辣椒的综合利用技术创业计划
银奖（20 项）	山东大学	岚剑有限责任公司创业计划
		朝阳化工有限责任公司创业计划
	合肥工业大学	全自动二液灌封机创业计划
	青岛海洋大学	海利德创业计划
	上海大学	新世纪涂料公司创业计划
	石家庄经济学院	关于高效氮肥的创业计划
	上海交通大学	富乐士创业计划
	扬州大学	中华清酒创业计划
	浙江大学	图书俱乐部"书盟"——盘古公司电子商务创业计划
	天津商学院	飞天创业计划
	清华大学	洁宝小组创业计划
	南京化工大学	中国捷康导医公司创业计划
	陕西师范大学	中国网元信息公司创业计划
	西安交通大学	TCP 快速成型机创业计划
		层析三维数字化仪及基于逆工程技术的服务中心创业计划
	华中理工大学	爱克森超声波电机公司创业计划
	大连理工大学	亿达金色夕阳房地产公司创业计划
	南京大学	怡香闻艺有限公司创业计划

续表

奖项	获奖高校	获奖作品
银奖(20项)	山东工业大学	迪迪 CKE 创业计划
	河南农业大学	研究开发"多酶剂"复合酶制剂系列饲料添加剂的市场前景创业计划

此后在各方的加盟和支持下,"挑战杯"在实际运行和具体操作中逐渐成熟,在核心技术、创业团队、风险投资、客户市场等关键因素的结合下向更深层次推进。[①]以开展竞赛为契机,部分高校取得了初步的成效,在全国范围内也有不小的反响。在共青团中央、中国科协、教育部、全国学联以及地方人民政府主办,各高校承办以及社会集团协办的共同努力下,制定了《"挑战杯"中国大学生创业计划竞赛章程》和《"挑战杯"全国大学生课外学术科技作品竞赛章程》(具体内容见附件1),明确了大赛的定位、宗旨、目的、基本方式,设立的组织机构及其职责,参赛的资格遴选和作品申报流程,大赛作品评选、奖励及科技孵化等内容。

《"挑战杯"中国大学生创业计划竞赛章程》(以下简称《创业计划竞赛章程》)与《"挑战杯"全国大学生课外学术科技作品竞赛章程》(简称《课外学术科技作品竞赛章程》)出台,文本结构上均为六章,除第四章名称表述上(《创业计划竞赛章程》第四章为"展览、交流、孵化",《课外学术科技作品竞赛章程》第四章为"展览、交流、转让")有不同外,其他五章名称均相同。另外,前者共28条,后者共36条。

在内容上,竞赛宗旨、竞赛目的和竞赛的基本方式存在较大差异。《创业计划竞赛章程》的竞赛宗旨是"培养创新意识、启迪创意思维、提升创造能力、造就创业人才";竞赛目的是"引导和激励高校学生弘扬时代精神,把握时代脉搏,将所学知识与经济社会发展紧密结合,培养和提高创新、创造、创业的意识和能力,并在此基础上促进高校学生就业创业教育的蓬勃开展,发现和培养一批具有创新思维和创业潜力的优秀人才";竞赛的基本方式是"高等学校在校学生通过申报商业计划书参赛,有条件的团队可在此基础上进行商业运营实践;聘请专家评定出具备一定操作性、应用性以及良好市场潜力和发展前景的优秀作品"。

《课外学术科技作品竞赛章程》的竞赛宗旨是"崇尚科学、追求真知、勤奋学习、锐意创新、迎接挑战";竞赛目的是"引导和激励高校学生实事求是、刻苦钻

---

① 唐景莉."挑战杯"挑战了什么? [N]. 中国教育报,2000-11-28(001).

研、勇于创新、多出成果、提高素质,培养学生的创新精神和实践能力,并在此基础上促进高校学生课外学术科技活动的蓬勃开展,发现和培养一批在学术科技上有作为、有潜力的优秀人才";竞赛的基本方式是"高等学校在校学生申报自然科学类学术论文、哲学社会科学类社会调查报告和学术论文、科技发明制作三类作品参赛"。

从相同点看,二者均是以高校大学生为对象的全国性赛事活动;"创新"是它们共同的关键词;引导高校开展创新活动是二者共同的目的。不同点是,前者突出科学、真知的价值取向,后者强调创意、创造和创业的引导。

自 1989 年以来,"挑战杯"全国大学生课外学术科技作品竞赛活动两年举行一次,称为"大挑";自 1999 年始,"挑战杯"中国大学生创业计划竞赛每两年举办一次,称为"小挑"(2000 年连续,此后每隔两年一次),这就形成"大挑""小挑"交替开展的制度和机制。"大挑""小挑"在高校创新创业教育中起到了引领作用,逐步得到各高校重视,也得到了各界的认可,具有较强的示范意义。各个高校积极参加"大挑""小挑",涌现出一大批好的作品和优秀成果(附件 2)。

从历届竞赛活动数据可以看出,越来越多的地区和类型的高校积极申报参加"挑战杯"全国大学生课外学术科技作品竞赛活动和"挑战杯"中国大学生创业计划竞赛,且越来越多的高校在竞赛中崭露头角,在创新、创业、产品、服务与技术等各个方面突出自己的长处,赢得比赛。奖项(金奖、特等奖、一等奖)获得的高校从多数集中于中央部属高校扩散到地方省属院校。由于竞赛活动的规模越来越大,2001 年第七届"挑战杯"全国大学生课外学术科技作品竞赛增设了特等奖;自 2014 年共青团中央、教育部、人力资源和社会保障部、中国科协、全国学联在"挑战杯"大学生创业计划竞赛的基础上,增加创业实践挑战赛、公益创业赛两个赛事,共同组织开展"创青春"全国大学生创业大赛,每两年举办一次。由此,"大挑""小挑"两个竞赛更加具有导向性、权威性、影响性和带动性。

据统计,"挑战杯"全国大学生课外学术科技作品竞赛和"挑战杯"中国大学生创业计划竞赛的获奖高校主要集中在江苏省、北京市、上海市、浙江省、广东省、山东省等地区,其他如河北省、吉林省、湖北省、陕西省等地区也有分布。不同类型层次的高校对大赛的重视程度和努力程度存在差距,得到的效果和成效也有所差异。但是随着大赛的影响力增大和政策的导向性,越来越多的高校深入开展创新创业教育方面的工作。创新创业教育从基础层面向纵深发展,得到了全方位的激励和保障。

从历届"大挑""小挑"获奖地域分布看,在"大挑"特等奖获奖数量上,江苏、北京、上海、广东和浙江共获 151 项,超过总数的一半;在"大挑"一等奖获奖数量上,江苏、北京、上海、浙江和广东共获 489 项,超过总数的一半,见表 2-3。

在"小挑"金奖获奖数量上,江苏、浙江、北京、上海和广东共获 272 项,超过总数的一半,见表 2-4。

表 2-3 "大挑"历届特等奖、一等奖获奖高校地域分布排行表

	特等奖(项)			一等奖(项)	
1	江苏	49	1	江苏	162
2	上海	34	2	北京	127
3	北京	33	3	上海	84
4	广东	22	4	浙江	64
5	浙江	13	5	湖北	59
6	湖北	9	6	广东	52
6	重庆	9	7	湖南	33
8	湖南	8	8	安徽	32
9	天津	7	9	陕西	31
10	吉林	5	10	重庆	25
10	安徽	5	11	福建	24
10	福建	5	11	辽宁	24
13	山东	4	13	天津	21
13	陕西	4	14	山东	20
15	四川	3	14	吉林	20
15	山西	3	16	四川	19
17	辽宁	3	17	河南	18
18	河北	2	18	河北	16
18	黑龙江	2	19	江西	11
18	河南	2	20	黑龙江	10
18	香港	2	21	云南	8
22	江西	1	22	新疆	6
22	贵州	1	23	香港	5
22	云南	1	23	宁夏	5
22	新疆	1	25	山西	4

续表

特等奖（项）			一等奖（项）		
合计		228	26	甘肃	2
			26	内蒙古	2
			26	澳门	2
			29	广西	1
			29	海南	1
			29	西藏	1
			合计		889

表2-4　"小挑"历届金奖获奖高校地域分布排行表

排名	地域	获奖总数（项）
1	江苏	94
2	浙江	52
3	北京	51
4	上海	41
5	广东	34
6	湖北	33
7	山东	21
8	福建	20
9	四川	15
10	陕西	14
10	安徽	14
12	吉林	12
13	湖南	9
14	天津	8
15	重庆	7
15	香港	7
17	江西	4
17	澳门	4
17	河北	4

续表

排名	地域	获奖总数(项)
20	贵州	3
20	内蒙古	3
22	黑龙江	2
22	辽宁	2
24	河南	1
24	宁夏	1
24	新疆	1
24	云南	1
合计		458

二、基于项目与试点的高校创新创业教育推动

(一)以国际项目为基础开发创业教育课程

2000年,国际劳工组织亚太地区就业促进项目(ILO/IPEP)与中国劳动和社会保障部合作,将越南的SIYB(Start and Improve Your Business)项目引入中国。

我国通过这一培训项目在高校开展相应的培训课程,该培训课程有两大显著特点:第一,分步骤进行,步步相扣,逐渐深入,缺一不可。第二,小班教学,参与度高。学生培训完成所有课程并考核合格后,由国际劳工组织及中国就业培训技术指导中心颁发《创业培训合格证书》。其中最重要的是完成创业计划书。创业计划书作为培训课程的考核项目,包括企业概述、创业计划作者的个人情况、市场评估、市场营销计划、企业组织结构、固定资产、流动资金(月)、销售收入预测(12个月)、销售和成本计划以及现金流量计划等主要内容。

由英国伦敦商学院和美国百森商学院共同发起成立的国际创业研究项目——全球创业观察(Global Entrepreneurship Monitor, GEM)在国际创业研究和教育中享有盛誉,是世界各国人士认识创业活动、环境、政策等方面的重要信息来源。2001年中国成为其成员国之一,开阔了创业者的国际化视野,对中国的创业研究和实践也产生了重要而深刻的影响。GEM年度系列报告的权威性,为创业创新问题的讨论提供了标准,而国际化的对比和研究也为之后我国高校创新创业教育的发展提供了方向。如报告中采用的创业生态系统评价方法为国内相

关研究提供了参照标准。整个创业生态系统根据 12 个创业框架要素进行评价，见表 2-5，对我国进行创新创业活动研究具有重要的借鉴意义。

表 2-5　GEM 年度系列报告的 12 个创业框架要素名称及评价内容

构成要素	评价内容
创业融资	反映创业者是否较为容易地获得创业资本
政府相关支持政策	考察政府是否在企业设立或运营中给予支持与帮助
政府税收和管理体制	评价政府对创业活动是否有比较优惠的税收政策
政府创业计划	政府在不同情况下的补贴情况等
学校创业教育和培训	衡量学校针对学生进行的创业培训、创业大赛等创业教育与培训情况
离校后创业教育和培训	创业者从学校毕业后在社会上所接受的创业教育和培训情况，这类教育与培训机构偏向商业化，往往专门从事创业服务活动，比如李开复的创新工场
研发转化	评价 R&D 的成果转化情况
商业与法律基础服务的可得性	反映诸如会计、审计、法律之类专业性服务的可获取程度
内部市场动态性	体现的是产品生产价值链与配套链的组织程度
内部市场压力与准入管制	考察市场中是否有较多的管制和许可
物理基础设施的可得性	评价创业活动进入孵化器的物理空间以及享受物理服务的容易程度
社会与文化规范	评价社会文化对于创业活动的影响

资料来源：根据 GEM 年度系列报告内容整理而成。

根据 GEM 年度系列报告中各个构成要素的评价，与全国各个地区的平均发展水平、经济现状对比可以看出我国创新创业活动发展到哪一阶段、哪一层次，存在何种问题，在哪些方面还存在明显差距，需要如何改进等。例如，我国高校创业教育和培训、商业与法律基础服务的可得性历年来均低于亚太地区的平均水平，这是值得关注和深思的。GEM 是推动我国高校创新创业教育从创业大奖赛、创业讲座等形式的平台式教育到成立实体学院、培养专门创新创业型人才的实践性探索转变的重要影响因素。我国创新创业教育和培训起步较晚，创新创业服务仍处于初步发展阶段，专业服务水平与国外存在明显差距；商业与法律基础服务可得性方面的缺失也反映了日益丰富的创新创业教育活动与薄弱的法律和基础服务之间的不协调、不匹配。这也给政府、高校和各类服务机构指出了改进和完善的方向，同时也凸显了我国创新创业教育活动专业化、系统化研究的迫切性。

综上,此阶段的创业教育还处于高校的自发探索阶段,开展尚不广泛,还在小范围试验,没有正式纳入各种教学课程计划中,处于松散、无组织的状态。此时的高校创业教育特点表现如下。

第一,国家政策形成创业大环境。1997年创业教育在高校开展之前,创业教育在1988年就已被提出并在小范围内进行实验教育。1988年出台的相关政策文件就对"私营经济""科技体制改革"等具体方面进行了说明,1990年开始在我国部分地区的基础教育、继续教育(成人教育)、职业教育领域内开展试验和研究,并取得了显著的成果。1992年邓小平南方谈话中大力提倡"敢于试验""抓住机会"等思想,极大地鼓励和促进了全社会的创新创业热情,而我国社会主义现代化建设在当时还处于艰巨的创业时期。1993年江泽民提出了新时期的创业精神:解放思想、实事求是,积极探索、勇于创新,艰苦奋斗、知难而进,学习外国、自强不息,谦虚谨慎、不骄不躁,同心同德、顾全大局,勤俭节约、清正廉洁,励精图治、无私奉献,鼓励、倡导和发扬创业精神。1994年中共中央发布《关于进一步加强和改进学校德育工作的若干意见》,提出"要重视培养学生开拓进取、自强自立、艰苦创业的精神"。国家政策发挥了重要的作用,推动着创业教育在高校的开展和深入研究。

第二,修订统一教材,促进经验交流。1991年,在日本东京召开的GEM项目中期研讨会中就提到"创业能力教育渗透到课程教学中"。而教材作为有效的实践载体,受到政府的高度重视,专家们集思广益,修订教材。1993年北京市教育局教材编审部将创业教材正式列入中学选修课教材系列并在全市推广。1995年,江苏省统一编印了《走向创业成功之路》作为培训教材,积极开展创业教育课程。1997年,中国联合国教科文组织全国委员会多次与国家教育委员会召开会议共同商讨修订教材、交流创业经验、推动创业教育实验进一步开展的相关事宜。在这一阶段,开始有省市积极摸索总结、编写教材,促进各方的经验交流和教育发展,使创业教育更加系统化、科学化。

(二)通过试点引导高校探索创业教育模式

自2002年教育部高教司召开普通高等学校创业教育试点工作座谈会后,全国开始进行试点院校的实践,高校创业教育由自发探索阶段转为政府引导下的多元探索阶段。本次座谈会对于推进创业教育具有重要的作用和影响。

1.创业教育的经验共享

在试点工作中,试点院校在政府出台的相关政策的引领下,结合社会的发展状况、高等教育的发展趋势以及各高校的特点,提出了具有高校特色的创业教育思想;尝试构建多样化的创业教育模式;普遍开设创业教育选修课程,并开始尝试构建结构性、科学性和系统性的创业教育课程体系;在课程开发、教材编纂、实践载体建设、运行机制等方面全面探索并积累了一定的实际经验。在座谈会上,九所院校还分别介绍了本校开展创业教育活动的基本情况,每一所试点院校都有侧重点和特点。下面以中国人民大学和北京航空航天大学为例。

第一,中国人民大学的第一课堂与第二课堂相结合的创业教育。在第一课堂方面:学校调整教学方案,加大选修课程的比例,拓宽学生自主选择的空间,开设企业家精神、风险投资、创业管理等创业教育系列课程;改革教学方法,倡导参与式教学,以鼓励学生创新思维为导向;改革考试方法。在第二课堂方面:学校鼓励学生创造性地投身各种社会实践活动和社会公益活动,通过开展创业教育讲座以及各种竞赛活动等方式,形成了以专业为依托、以项目和社团为组织形式的"创业教育—实践群体"。

第二,北京航空航天大学的模拟企业运行机制。该校成立了创业管理培训学院用来专门负责与学生创业有关的事务,开设创业管理课程、创业企业的设立与研发等课程,学院还设立万元创业基金,对学生的创业计划书评估后进行种子期的融资。

就总体来看,各院校的创业教育活动虽然已经开始,也取得了一定的成绩,但仍处于初始阶段。而此时,我国高校的创业教育还处在政府自觉试点阶段,很多工作尚未充分开展。

2.对创业教育的重新认识

首先,创业教育是一种理念。该理念要贯穿于高校的课堂教学及课外活动中,主要是通过课程体系、教学内容、教学方法的改革以及第二课堂活动的开展,不断提高学生的综合素质,增强学生的创新意识、创造精神和创业能力;同时通过开设课程、资助资金、提供咨询等方式使学生具备自己开办企业的能力。

其次,创业教育是知识经济时代培养学生创新精神和创造能力的需要,是社会和经济结构调整时期人才需求变化的需要。知识经济时代高科技产业的发展状况将成为一个国家国际竞争力的主要决定因素。这不仅需要大批具有创新精神和创造力的人才,更需要一个完整的创业体系的支持。这一体系包括鼓励创业的环境、支持创业的社会融资渠道以及敢于冒险的企业家精神和企业家队伍的培育。

3. 创业教育的推进

经过交流讨论,与会代表就试点院校如何更好地开展创业教育实践活动形成如下意见。

一是特色发展。各院校在进一步开展创业教育实践活动的过程中,要结合我国社会经济发展、区域经济发展以及学校的层次类型等具体情况制定具体方案,力求形式多样、各具特色。

二是协同推进。为更好地进行交流、相互促进、共同提高,可以成立全国性的创业教育协作组,定期或不定期地召开各种形式的研讨交流会。该组织是在教育部指导下开展活动的一个松散的联合体。成员主要是试点院校,其他学校也可以自愿参加。既可以在全国范围内组织活动,也可以分地区组织活动,协作组还可以吸纳创业有成的企业家来参与,加强创业教育实践活动的针对性。

三是沟通交流。大力加强对创业教育实践活动的舆论宣传工作,不断提高教师、学生对创业教育实践活动的重要性和必要性的认识。建立创业教育综合服务网站,网站上可以设立创业教育案例库,加强信息交流,实现资源共享。同时,积极开展创业教育研究和国际交流,包括组织学术活动、经验交流,了解国外创业教育的动态,学习国外先进的经验等。

四是教材建设。为促进各院校创业教育实践活动的开展和质量的提高,有必要在教育部的组织领导下进行师资培训和教材建设。师资培训可以委托有关院校举办师资培训班,教材建设工作由各学校自行组织编写,但要注重教材质量,防止粗制滥造。

4. 创新创业教育的试点

为了促使高校创新创业教育工作全面深入地推进,2008年教育部立项建设了32个创新与创业教育类人才培养模式创新实验区。这一举措使高校的创业教育工作不断创新、成熟。相较之前的试点工作,创新实验区涉及的院校层次更加多样化,分布地区更加广泛,工作中进行了初步改革和创新,总的看来,主要取得了以下成效。

第一,转变教育思想。试点的教育理念还存在目标和功能上的认识误区,创新实验区工作明确了"面向全体、贯穿全程、融入专业"的教育理念。第二,彰显区域特色。如温州大学、广西大学、黑龙江大学、中南大学,都依托区域经济,立足区域人才需求。第三,完善课程体系。在九所试点高校中,只有黑龙江大学和北京航空航天大学对课程进行模块化设计,而在创新实验区建设阶段,大多数高校更加重视对课程的科学设计和结构优化。第四,健全教育体系。创业类竞赛由商业创业转为开始探索公益创业,由第二课堂向第一课堂延伸,并形成系统化、整体化的发展趋势。同时增强了产学合作的力度和广度,争取更多资源的支持,完善合作机制。第五,加强组织领导。从试点到创新实验区的发展来看,政府对创业教育大力支持、全力推广,高校也更加重视创业教育工作的开展,成立了各种领导小组。第六,建设师资队伍。试点工作中教师以外聘为主,创新实验区建设中更加注重教师的培训,注重专职结合、校内外互补。从整体发展来看,高校这一阶段的创业教育取得了较大的成效。

试点和创新实验区的建设在当时取得了阶段性的成效,使得高校对创业教育越来越重视,但也出现了一些问题:第一,缺乏专业的组织领导机构。试点工作中,大多由高校团委、教务处、学生处等部门领导共同参与、分工协作;创新实验区建设中,只有黑龙江大学成立了独立的创业教育学院,但其他院校较之前的试点工作院校组织管理机构更加健全。如北京航空航天大学的创业教育由创业管理培训学院、各专业院系、教务处、学生工作处、就业指导中心、团委、孵化器、大学科技园等多部门协调推进。相比之前的创业教育,虽然课程内容日趋专业、课程结构更加合理、课程体系逐步建立,但缺乏一个系统的规划、组织和开展的机构。第二,师资队伍偏弱。试点、创新实验区建设中教师的数量很少,且缺乏专业性和针对性。同时教师的聘用制度、奖惩制度、教学管理制度等方面还未完善。以上这些问题都使得对创业教育的实际效果无法进行单一的评价,创业教育工作无法更深入地进行。

三、基于改革的高校创新创业教育行动

为了解决以上问题,2002—2009年部分高校开始设立相关学院,见表2-6。黑龙江大学成立了我国首个培养创新创业型人才的学院——创业教育学院。这是32所试点院校中唯一一所设立内设型学院的高校。黑龙江大学创业教育学院于2002年成立,2005年挂牌创业教育中心,其职责是规划、组织和实施全校的创新创业教育。自学校2002年被教育部确定为全国九所试点院校之一、2009年被教育部确定为创新实验区以来,该校创业教育学院对推进全国高校创新创业教育发挥了示范、辐射和引领作用。之后在创新实验区建设的影响下,中山大学、华南师范大学、温州大学相继成立学院。从高校类型看,这些都是省部共建高校

或省属重点建设大学,有充足的条件整合利用有效资源来开展创新创业教育。从所在地域来看,黑龙江有一所,广东有两所,浙江有一所。从设立时间来看,都是国家政策推动影响的结果。

中山大学是国内最早成立专门从事工商管理教育和研究的学校之一,是国家培养高素质职业经理人和企业家的重要基地。该校整合校内管理学、经济学、法学、心理学、教育学等学科的相关资源成立创业学院,积极引导学生的创业激情,为培养创新创业人才搭建平台。华南师范大学创业学院是广东省高校成立的第一所创业学院,受到各界的广泛关注。温州大学从2001年开始在全校范围内开展创业教育,2009年被教育部、财政部评为"国家级创业人才培养模式创新实验区"后,成立了处级建制、实体运作的创业人才培养学院;在人才培养过程中实行模块化教学,将创新创业教育融入创业人才培养改革实验班的教学实施与管理中。

表2-6　2002—2009年我国高校设立创业学院一览表

序号	学校名称	地区	学校属性	创办学院名称	创办时间
1	黑龙江大学	黑龙江省	地方省属院校	创业教育学院	2002年
2	中山大学	广东省	中央部属高校	创业学院	2009年
3	华南师范大学	广东省	地方省属院校	创业学院	2009年
4	温州大学	浙江省	地方省属院校	创业人才培养学院	2009年

资料来源:根据各高校官方网站资料汇总整理。

这四所院校在开展创新创业教育活动中的侧重点各不相同,但也有共同之处。

首先,与专业教育相融合。如黑龙江大学积极构建"课程、实践、保障"三位一体的创新创业教育体系。依托专业课程平台,培养学生的创新思维,拓展学生的专业视野。在专业必修课程上,基础类专业要求学生修读一门学科前沿课程、形成一份专业调研报告、提交一项创意;应用类专业要求学生修读一门创业管理课程、形成一份市场调研报告、提交一份创业计划书。在专业选修课程上,开设不同类别的课程模块,使学生的专业学习与创新教育和个性化发展有机结合。发挥综合性大学学科专业课程的综合优势,设立"专业＋方向"的创新人才培养课程群,如"新闻＋经济""专业＋俄语""哲学＋管理""经济＋法律",引导学生在跨学科专业学习中,提高发现问题和解决问题的能力。温州大学根据创业教育的不同学习需求,以分层分类为导向,以培养既懂专业又懂管理的复合型应用人才为基本目标,重点从专业导论课、专业选修课、专业实践、教学实施、课外实践中逐步融入创业要素切入,实施创新创业综合改革试点项目,实施院校二级"3+X""4+X"的创业人才培养模式。

其次,搭建平台,注重实践。如中山大学从 2009 年 9 月起实行"两长一短"三个学期,有专门的一个学期用于学生参加社会实践。在这个学期内,学校和各院系将会聘请国内外知名学者驻校或来校讲学,开设部分研究型、开放型实验或综合性实验,组织与国际知名企业合作举办各类专业证书培训活动,学生也可以有更多的时间和空间进行自主学习、参与社会实践、进行就业实习、开展科技创新活动和创业活动等。

最后,内外联动,注重国际交流。如温州大学借力国际化教育资源提升创业教育的层次。学校依托"学生全球视野拓展工程",建立海外创业教育实践基地,拓展海外创业实习项目,提高国际创业类竞赛的参与度,加大学生赴外研修创业类课程或学位的选派力度和派出规模。与相关专业合作,联合国外名校、名师、名企共建创业教育课程、教材等优质资源,促进创业教育教学改革。选派优秀师资到国外高校、企业进行学术深造和技术培训。与国家教育发展研究中心、海外高校等共建创业研究与服务平台,提升创业研究与社会服务的能力水平。深挖学校在全球的创业教育服务贸易市场,系统开展留学生教育、创业孵化、师资培训、学术研究等。探索本土创业课程的国际化运作,打造海外学子创业实训营等课程品牌项目。吸引留学生来校学习创业并开展落地创业实践项目;建设 2000 平方米以上的留学生创业分园,设立留学生创业基金,探索并完善中外学生创业合伙人制度。

通过以上分析,我们发现,本阶段高校创新创业教育呈现以下两个方面的特点。

第一,高校普遍关注创业教育。在"挑战杯"创业设计大赛的举行,各种创业项目的启动,研修班、培训班的举办,试点工作和创新实验区的建设等多重因素的影响下,高校普遍关注创新创业教育工作,在教育理念、教育模式、课程开发、实践载体、运行机制、师资队伍、教材编写等方面以政府政策为导向,以社会需求为抓手,以高校的人才培养为关键。前期高校积累的工作经验也为创新创业学院的成立和发展提供了契机,奠定了基础。

第二,高校创新创业教育需要从体制上进行改革。2002 年确立的九所试点院校和 2008 年确立的 32 个创新实验区的建设可以说是高校开展创新创业教育的重要探索;从整体发展来看,在工作的不断探索和深入中不管是理论层面还是操作层面都取得了较好的成效。但试点、创新实验区模式难以促进高校创新创业教育进一步发展,创新创业教育工作仿佛进入了"瓶颈期",尤其是在管理方面和统筹规划方面更需要体制机制的革新。这一现实问题激发了相关高校成立创新创业学院的动力。

四、基于组织建设的创新创业教育发展

(一)创新创业学院组织的兴起

2010 年开始,设立创新创业学院的高校数量明显增多,调查统计数据显示,在 2010—2014 年这 5 年内,设立创新创业学院的高校新增 22 所,见表 2-7。相比之前 8 年仅创办 4 所创业学院,几乎用一半时间增长了 5 倍多,可见这一时期是高校创新创业学院的发展时期。从表 2-7 中可以看出,设立的高校有试点、创新实验区工作中重点建设的高校,如上海交通大学、江南大学、浙江万里学院。一些中央部属院校率先在高校设立创新创业学院开展创新创业教育工作,并带动一大批能够及时把握高等教育改革重点和发展趋势的地方省属院校积极参与创新创业教育工作,如徐州工程学院、东莞理工学院、聊城大学、广东财经大学、山西农业大学。

表 2-7　2010—2014 年我国高校设立创新创业学院一览表

序号	学校名称	地区	学校属性	创办学院名称	创办时间
1	上海交通大学	上海市	中央部属高校	创业学院	2010 年
2	暨南大学	广东省	中央部属高校	创业学院	2011 年
3	北京邮电大学	北京市	中央部属高校	叶培大创新创业学院	2011 年
4	华南理工大学	广东省	中央部属高校	创业教育学院	2011 年
5	中南财经政法大学	湖北省	中央部属高校	湖北青年创业学院	2011 年
6	徐州工程学院	江苏省	地方省属院校	创新创业教育学院	2011 年
7	江南大学	江苏省	中央部属高校	创业学院	2011 年
8	南京大学	江苏省	中央部属高校	创新创业学院	2012 年
9	浙江万里学院	浙江省	地方省属院校	创新创业学院	2012 年
10	吉林大学	吉林省	中央部属高校	创新创业教育学院	2013 年
11	东莞理工学院	广东省	地方省属院校	创业学院	2013 年
12	聊城大学	山东省	地方省属院校	创新创业学院	2013 年
13	中国矿业大学	江苏省	中央部属高校	创业教育学院	2014 年

序号	学校名称	地区	学校属性	创办学院名称	创办时间
14	广东财经大学	广东省	地方省属院校	创业教育学院	2014 年
15	山西农业大学	山西省	地方省属院校	创业学院	2014 年
16	温州医科大学	浙江省	地方省属院校	创新创业教育学院	2014 年
17	浙江工商大学	浙江省	地方省属院校	创业学院	2014 年
18	山东建筑大学	山东省	地方省属院校	创业学院	2014 年
19	天水师范学院	甘肃省	地方省属院校	创新创业学院	2014 年
20	广东工业大学	广东省	地方省属院校	创新创业学院	2014 年
21	佛山科学技术学院	广东省	地方省属院校	创业学院	2014 年
22	常州大学	江苏省	地方省属院校	常州市大学生创新创业学院	2014 年

资料来源:根据各高校官方网站资料汇总整理。

2010—2014 年,国务院、教育部关于高校创新创业教育出台了多个重要文件。如 2010 年,教育部、科技部联合制定了《高校学生科技创业实习基地认定办法(试行)》,文件中提出要建设"双实双业"(即实习、实训、创业、就业)基地,促使大学生创业就业。《关于大力推进高等学校创新创业教育和大学生自主创业工作的意见》这一纲领性文件提出的"广谱式"教育,为之后高校开展创新创业教育工作提供了指导方向。2012 年教育部印发的《普通本科学校创业教育教学基本要求(试行)》文件中对创业教育的教学目标、教学原则、教学内容、教学方法和教学组织进行了整体规划和顶层设计。2014 年教育部印发的《关于做好 2015 年全国普通高等学校毕业生就业创业工作的通知》中要求提升大学生就业创业比例,对各项工作提出了详细的要求和标准,并扶持大学生开设各类网店等,鼓励以多种形式创业,确保就业形势稳定。这一系列强有力的政策引领,推动了高校创新创业教育工作的深入开展。

与此同时,随着"挑战杯"等多种创业计划竞赛的开展和赛事规模的不断扩大,涉及的地区越来越广泛、参加院校的层次越来越多、学科专业越来越丰富、参赛队伍也越来越壮大。创新创业教育论坛孕育产生后,共同探讨高校创新创业教育中的热点问题,营造了浓厚的创新创业大环境。各种基地的建设也为大学生提供了综合服务平台,如 2010 年,科技部认定的首批全国 149 家大学生科技创业见习基地试点,汇集了数千家大学生创业企业、数万人的创业团队,培育了一大批创业人才。国家还加强了教师队伍建设,如 KAB 创业教育(中国)项目为高校培训了创新创业教育需要的数千名讲师(预备培训师、培训师、高级培训师)。同时积极举办高校创业教师高级研修班,探讨教育中的各种问题。

在保障机制方面,2010年人力资源和社会保障部推出了大学生创业引领计划,满足学生的创业培训需求。同时在工作开展中也完善了资金支持、税费减免、户籍迁移等优惠政策,对自主创业证的审核和发放工作也做了相关规定。值得关注的是,虽然国家和高校都十分重视创新创业教育,高校也在实际工作中结合自身特点进行了科学的定位和具体的规划,但是因为仍处于初期探索阶段,还存着许多突出的问题与不足。这一时期,创新创业学院创立的主要动力在于:

第一,高校自身发展的战略选择。政策引领对高校创新创业教育工作的开展起到一定的促进作用,但是高校自身也同样做出了战略选择。如江南大学为了更好地贯彻党的教育方针、实施因材施教和优生优培、进一步提高人才培养质量,于2011年成立创业学院。聊城大学根据学校事业发展和人才培养需要成立了创新创业学院实体性学院。上海交通大学着力打造符合中国国情、具有上海市和上海交通大学特色的高起点、高水平、精品化、重实践的世界知名的创新创业人才培养学院。佛山科学技术学院作为佛山市唯一的全日制本科院校,其创业学院肩负着为佛山市经济社会发展培养高层次创业创新型人才的重任。在这种内外因素的共同作用下,创新创业学院的规模和发展在不断地扩大和提升。

第二,政产学研紧密结合。人才培养、科学研究、服务社会、文化传承与创新是高校的四大基本职能。高校早已不是"象牙塔",也不可能是"象牙塔"。应打破壁垒,促进政府、社会、行业、高校的融合式发展,提升高校人才培养的质量。如南京大学以"三三制"教学改革为契机,经过近十年的探索和实践,初步构建了"五四三""双创"体系,通过创新政产学研合作机制,在全国率先将高校政产学研平台建到地方。东北大学积极推动"校企联合",为大学生创业提供资金保障,每年争取的创业资助基金达200余万元。常州大学成立的常州市大学生创新创业学院,是由常州市人力资源与社会保障局、共青团常州市委、常州市科教城管理委员会和常州大学联合建设的集培训、人才培养、活动孵化和理论研究为一体的学院。以上高校的举措表明:政产学研紧密结合是这一时期的显著特点。

(二)创新创业学院的快速发展

1. 高校新设创新创业学院情况

2015—2016年是高校设立创新创业学院的数量快速增长时期。据统计,2015年创办创新创业学院的院校新增51所,2016年创办创新创业学院的院校新增57所,2017年创办创新创业学院的院校新增20所,2018年创办创新创业学院的院校新增 6 所(截至 2018 年 11 月),见表 2-8,共新增 134 所,相比之前的全国高校设立创业学院的数量,呈快速发展态势。同时,从统计结果可以看出,地方省属院校(占增长总数的 84.3%)能准确抓住发展机遇,结合自身的发展特色和区域经济需求,总结和反思其他高校,如试点、创新实验区工作中的经验,确定自己的学院目标定位和发展方向,更好地实现院校的精神追求和自身价值。由此,在政府、企业和社会的多方支持和鼓励下,高校创新创业教育工作进入了全面部署深化改革的新发展阶段。

表 2-8 2015—2018 年我国高校设立创新创业学院一览表

序号	学校名称	地区	学校属性	创办学院名称	创办时间
1	清华大学	北京	中央部属高校	全球创新学院	2015 年
2	中国人民大学	北京	中央部属高校	创业学院	2015 年
3	大连理工大学	辽宁	中央部属高校	创新创业学院	2015 年
4	复旦大学	上海	中央部属高校	创新创业学院	2015 年
5	上海财经大学	上海	中央部属高校	创业学院	2015 年
6	华东理工大学	上海	中央部属高校	创新创业教育学院	2015 年
7	电子科技大学	四川	中央部属高校	创新创业学院	2015 年
8	天津大学	天津	中央部属高校	宣怀学院	2015 年
9	内蒙古大学	内蒙古	地方省属院校	中科创业学院	2015 年
10	内蒙古农业大学	内蒙古	地方省属院校	中科创新创业学院	2015 年
11	沈阳航空航天大学	辽宁	地方省属院校	创新创业学院	2015 年
12	安徽工业大学	安徽	地方省属院校	创新教育学院	2015 年
13	华南农业大学	广东	地方省属院校	创新创业学院	2015 年
14	广西大学	广西	地方省属院校	创新创业学院	2015 年
15	三峡大学	湖北	地方省属院校	创新创业教育学院	2015 年
16	江苏大学	江苏	地方省属院校	创新创业学院	2015 年
17	南京中医药大学	江苏	地方省属院校	创新创业创意学院	2015 年
18	江西财经大学	江西	地方省属院校	创业教育学院	2015 年
19	济南大学	山东	地方省属院校	创业学院	2015 年
20	浙江工业大学	浙江	地方省属院校	创业学院	2015 年
21	中国美术学院	浙江	地方省属院校	创业学院	2015 年
22	重庆工商大学	重庆	地方省属院校	创业学院	2015 年

序号	学校名称	地区	学校属性	创办学院名称	创办时间
23	宁波大学	浙江	地方省属院校	创新创业学院	2015 年
24	广州大学	广东	地方省属院校	创新创业学院	2015 年
25	扬州大学	江苏	地方省属院校	创新创业学院	2015 年
26	辽宁大学	辽宁	地方省属院校	创新创业学院	2015 年
27	辽宁石油化工大学	辽宁	地方省属院校	创新创业学院	2015 年
28	齐鲁工业大学	山东	地方省属院校	创业学院	2015 年
29	山东理工大学	山东	地方省属院校	创新创业学院	2015 年
30	北京建筑大学	北京	地方省属院校	创新创业教育学院	2015 年
31	黄山学院	安徽	地方省属院校	创新创业教育学院	2015 年
32	滁州学院	安徽	地方省属院校	创新创业教育学院	2015 年
33	安徽科技学院	安徽	地方省属院校	创新创业学院	2015 年
34	广东金融学院	广东	地方省属院校	创业教育学院	2015 年
35	百色学院	广西	地方省属院校	中科创业学院	2015 年
36	梧州学院	广西	地方省属院校	中科创新创业学院	2015 年
37	广西财经学院	广西	地方省属院校	创新创业学院	2015 年
38	安阳师范学院	河南	地方省属院校	创业学院	2015 年
39	许昌学院	河南	地方省属院校	创新创业学院	2015 年
40	常熟理工学院	江苏	地方省属院校	新道创新创业学院	2015 年
41	常州工学院	江苏	地方省属院校	创新创业学院	2015 年
42	江西中医药大学	江西	地方省属院校	创新创业学院	2015 年
43	宜春学院	江西	地方省属院校	创新创业学院	2015 年
44	渤海大学	辽宁	地方省属院校	创新与实践学院	2015 年
45	内蒙古财经大学	内蒙古	地方省属院校	创业学院	2015 年
46	山东工商学院	山东	地方省属院校	中科创业学院	2015 年
47	山东青年政治学院	山东	地方省属院校	山东青年创业学院	2015 年
48	浙江理工大学	浙江	地方省属院校	创业学院	2015 年
49	嘉兴学院	浙江	地方省属院校	创业学院	2015 年
50	浙江财经大学	浙江	地方省属院校	创业学院	2015 年
51	沈阳工业大学	辽宁	地方省属院校	创新创业学院	2015 年

序号	学校名称	地区	学校属性	创办学院名称	创办时间
52	北方民族大学	宁夏	中央部属高校	创新创业学院	2016 年
53	华侨大学	福建	中央部属高校	创新创业学院	2016 年
54	中国政法大学	北京	中央部属高校	创业学院	2016 年
55	武汉理工大学	湖北	中央部属高校	创业学院	2016 年
56	西南交通大学	四川	中央部属高校	国际创新创业学院	2016 年
57	宁夏大学	宁夏	地方省属院校	创新创业学院	2016 年
58	广西民族大学	广西	地方省属院校	创新创业学院	2016 年
59	五邑大学	广东	地方省属院校	创新创业学院	2016 年
60	北京第二外国语学院	北京	地方省属院校	创新创业学院	2016 年
61	兰州交通大学	甘肃	地方省属院校	创新创业学院	2016 年
62	甘肃农业大学	甘肃	地方省属院校	创新创业学院	2016 年
63	广西师范大学	广西	地方省属院校	创新创业学院	2016 年
64	华北水利水电大学	河南	地方省属院校	创新创业学院	2016 年
65	湖南工业大学	湖南	地方省属院校	创新创业学院	2016 年
66	内蒙古民族大学	内蒙古	地方省属院校	创新创业学院	2016 年
67	浙江水利水电学院	浙江	地方省属院校	创业学院	2016 年
68	杭州电子科技大学	浙江	地方省属院校	创新创业学院	2016 年
69	长沙理工大学	湖南	地方省属院校	创新创业教育学院	2016 年
70	浙江传媒学院	浙江	地方省属院校	创业学院	2016 年
71	厦门理工学院	福建	地方省属院校	创新创业学院	2016 年
72	广东外语外贸大学	广东	地方省属院校	创新创业教育学院	2016 年
73	贵州师范大学	贵州	地方省属院校	创新创业学院	2016 年
74	河南理工大学	河南	地方省属院校	创新创业学院	2016 年
75	湖南科技大学	湖南	地方省属院校	创新创业学院	2016 年
76	青海师范大学	青海	地方省属院校	创新创业学院	2016 年
77	北京工业大学	北京	地方省属院校	创新创业学院	2016 年
78	铜陵学院	安徽	地方省属院校	创新创业学院	2016 年
79	泉州师范学院	福建	地方省属院校	创新创业学院	2016 年
80	兰州财经大学	甘肃	地方省属院校	创新创业学院	2016 年

续表

序号	学校名称	地区	学校属性	创办学院名称	创办时间
81	韶关学院	广东	地方省属院校	创新创业学院	2016 年
82	肇庆学院	广东	地方省属院校	创新创业学院	2016 年
83	广东技术师范学院	广东	地方省属院校	创新创业学院	2016 年
84	深圳大学	广东	地方省属院校	创业学院	2016 年
85	广州航海学院	广东	地方省属院校	创新创业学院	2016 年
86	南方科技大学	广东	地方省属院校	创新创业学院	2016 年
87	河池学院	广西	地方省属院校	创新创业学院	2016 年
88	玉林师范学院	广西	地方省属院校	好邦创新创业学院	2016 年
89	贵州商学院	贵州	地方省属院校	创新创业学院	2016 年
90	南阳师范学院	河南	地方省属院校	中科创新创业学院	2016 年
91	商丘师范学院	河南	地方省属院校	创新创业学院	2016 年
92	湖北文理学院	湖北	地方省属院校	创新创业教育学院	2016 年
93	湖南人文科技学院	湖南	地方省属院校	创新创业学院	2016 年
94	白城师范学院	吉林	地方省属院校	创新创业教育学院	2016 年
95	赣南师范大学	江西	地方省属院校	创业学院	2016 年
96	赤峰学院	内蒙古	地方省属院校	创业学院	2016 年
97	济宁学院	山东	地方省属院校	创新创业学院	2016 年
98	菏泽学院	山东	地方省属院校	创新创业学院	2016 年
99	西安航空学院	陕西	地方省属院校	创新创业学院	2016 年
100	上海科技大学	上海	地方省属院校	创业与管理学院	2016 年
101	四川文理学院	四川	地方省属院校	创新创业学院	2016 年
102	成都工业学院	四川	地方省属院校	创新创业学院	2016 年
103	浙江海洋大学	浙江	地方省属院校	创新创业学院	2016 年
104	湖州师范学院	浙江	地方省属院校	创新创业学院	2016 年
105	丽水学院	浙江	地方省属院校	创业学院	2016 年
106	浙江科技学院	浙江	地方省属院校	创新创业学院	2016 年
107	衢州学院	浙江	地方省属院校	创业学院	2016 年
108	浙江外国语学院	浙江	地方省属院校	创业学院	2016 年
109	中国科学院大学	北京	中央部属高校	创新创业学院	2017 年

续表

序号	学校名称	地区	学校属性	创办学院名称	创办时间
110	北京航空航天大学	北京	中央部属高校	创新创业学院	2017 年
111	大连海事大学	辽宁	中央部属高校	创新创业学院	2017 年
112	华中师范大学	湖北	中央部属高校	中科创业学院	2017 年
113	西安交通大学	陕西	中央部属高校	创新创业学院	2017 年
114	同济大学	上海	中央部属高校	创新创业学院	2017 年
115	浙江大学	浙江	中央部属高校	创新创业学院	2017 年
116	大连民族大学	辽宁	中央部属高校	创新创业教育学院	2017 年
117	闽江学院	福建	地方省属院校	创新创业学院	2017 年
118	大连海洋大学	辽宁	地方省属院校	创新创业学院	2017 年
119	西南林业大学	云南	地方省属院校	创新创业学院	2017 年
120	浙江音乐学院	浙江	地方省属院校	创业学院	2017 年
121	昆明理工大学	云南	地方省属院校	创新创业学院	2017 年
122	安徽中医药大学	安徽	地方省属院校	创新创业学院	2017 年
123	惠州学院	广东	地方省属院校	创新创业教育学院	2017 年
124	仲恺农业工程学院	广东	地方省属院校	创新创业教育学院	2017 年
125	贵州师范学院	贵州	地方省属院校	创新创业学院	2017 年
126	湖北理工学院	湖北	地方省属院校	创新创业学院	2017 年
127	湘南学院	湖南	地方省属院校	创新创业学院	2017 年
128	湖南文理学院	湖南	地方省属院校	创新创业学院	2017 年
129	山东财经大学	山东	地方省属院校	创新创业教育学院	2018 年
130	星海音乐学院	广东	地方省属院校	创新创业学院	2018 年
131	河南工程学院	河南	地方省属院校	创新创业学院	2018 年
132	新余学院	江西	地方省属院校	创新创业学院	2018 年
133	萍乡学院	江西	地方省属院校	创新创业学院	2018 年
134	山东女子学院	山东	地方省属院校	创新创业学院	2018 年

资料来源:根据各高校官方网站资料汇总整理。

（三）做法与经验

这一阶段,高校在创新创业学院的建设方面有各自的特点和优势,现以清华大学、浙江大学为例,考察其定位、目标、人才培养方案及特色等。

案例1:清华大学全球创新学院[①]

在顶层设计方面,基于人才培养、科学研究、社会服务和文化传承四位一体的大学使命,与学生"双创"和教师"双创"一体两翼实施路径的高层次创新创业理念,充分发挥学校的人才及科学研究优势,努力探索形成全球视野、中国特色、引领示范的高校创新创业模式和制度体系,在高校示范基地中发挥领头羊作用,探索建设国际领跑的"双创"研究型大学。

在实施行动方面,以"跨学科创客实践平台""国际化创新创业平台""'双创'教育医药平台""'双智双创'开放平台"和"在线教育与实践平台"五个重点工程为抓手。

在整合资源方面,全球创新学院将在美国华盛顿州西雅图地区建设先进的教学科研设施,配备世界一流的设计工作室、多媒体教室等。除了最大限度地利用清华大学、华盛顿大学两校优质的教育资源外,微软公司将通过选拔企业优秀员工担任实战导师、提供实训项目等方式参与人才培养的全过程。

在创新特色方面,一是国际化。即充分利用国际优质教学研究资源,建立国际校区进行国际化创新创业人才培养,建立国际化科研成果转化机构等。典型项目包括"GIX国际化创新创业平台""清华—伯克利深圳学院(TBSI)""国际化'双创'医药平台""'双创'国际暑期学校"等。二是引领性。即在创新创业人才培养体系建设、创业平台建设、在线教育、聚合社会创新创业教育资源等方面起到了引领作用。典型项目包括"中国创新创业教育联盟""跨学科创客实践平台""在线教育与实践平台""双智双创开放平台"等。

案例2:浙江大学创新创业学院[②]

在顶层设计方面,夯实一个基础,完善一批平台,形成一个体系,落实一系列政策;以建设一个统筹协调、工作高效的学生创新创业教育工作领导小组为基础,建设一批富有实战功能的创新创业实训平台;统筹学校相关部门和协调创新创业资源,建立一个第一课堂、第二课堂协同互动的创业教育体系;不断完善和落实创新创业教育激励政策、创新创业团队和项目支持政策、创新创业成果转化和评估政策等。形成富有学校特色的大学生创新创业教育理念;建立一个富有

---

① 清华大学创新创业教育工作体系介绍 [EB/OL]. http://gix. tsinghua. edu. cn/gygix/index. htm.

② 浙江大学深化创新创业教育改革实施方案 [EB/OL]. http://www. moe. edu. cn/s78/A08/ gjs_left/s3854/cxcyjy_ssfa/201605/t20160516_244053. html.

成效的大学生创新创业教育体系;建立一支内外兼容的大学生创新创业师资队伍;建立一个互促共进的国际化创新创业教育机制;培养一批人格高尚的大学生创新创业精英人才;建成一批促进大学生互动的创新创业交流空间。

在实施行动方面,启动创业导师库建设;完善创新创业教育课程体系,初步明确并推进创新创业核心课程的建设;牵头规划推进全国大学生创新创业联盟建设,促进大学生创业思想、智慧交融和经验、资源共享;积极倡导基于创新、与专业紧密结合的创业教育理念;推进成立校院两级共建的"互联网+创新创业平台";探索加快学校科技成果转化的机制建设,在学校工业技术研究院、国家大学科技园的基础上,建立工业技术转化研究院,出台积极推动教师技术转化的相关政策文件;确定部分创业教育选必修课程;扩大创新创业强化班的辐射度;逐步扩大创业学生国际交流的深度和广度;建立校内外创业教育导师库。

在整合资源方面,建立紫金众创小镇;启动紫金港校区和玉泉校区的创业苗圃、创客空间建设;切实发挥 e-WORKS 创业实验室实效,继续发挥已有创业训练平台和创业学生社团的作用;拓展国际化创业教育合作新渠道;积极创造条件加强玉泉校区的创业苗圃、创客空间建设力度,进一步拓展大学生众创空间;建设网上创业课程;初步形成杭州和加州之间的学生创业互动机制即"溪谷"互动机制。

在创新特色方面,完善创业教育课程体系;校内创业教育实践平台建设基本完成;创业教育导师库比较健全;结合校庆举行中美大学生创业论坛;形成一、二课堂协同的较为科学的课程体系和实践体系;充实和完善创业教育导师库;完善创业教育辅修专业;研讨评估创新创业教育实践;进一步完善创新创业教育工作机制;接轨国际,建立一套相对科学的创业教育标准。

上述案例的做法表明,快速发展期的高校创新创业学院,着力于强化顶层设计、实施行动、资源整合和创新特色。高校设立创新创业学院的主要动力来自以下两个方面。

第一,社会对创新创业型人才的迫切需求。在新兴产业逐渐占据社会主导地位的新时代,社会越来越注重对人才创造能力和自主创业能力的培养,创新创业教育也成为促进经济发展的新"发动机"。"大众创新创业是稳增长的新动力,是调整结构的新途径,是创新产业组织的新方式,是创新驱动的新活力。"[①] 全国许

---

① 万钢.点燃大众创新创业火炬 打造新常态下经济发展新引擎 [N]. 科技日报,2015-03-27(001).

多院校都深刻体悟此精神并将其作为学院设立的思想基础和使命职责,如华侨大学创新创业学院的设立是打造福建经济增长新引擎、建设新福建的迫切需要;上海科技大学创业与管理学院的使命就是培养服务于战略新兴产业的科技创新管理人才,培养有社会责任感的企业家。

第二,高校人才培养体制机制的改革需要。随着高校创新创业教育工作的逐渐深入开展,实际工作中也面临着诸多问题,如组织机构不健全、师资队伍不专业、保障机制不完备。高校创新创业教育工作需要统筹、组织、规划、整合、实施、管理、指导和服务,而这些工作需要组织形式和载体来承担,因此高校设立了内部学院整合资源、开展工作。如上海财经大学创业学院整合教务处、团委、合发处以及科技园等校内资源与广大校友和企业家外部资源;复旦大学以设立创新创业学院为契机,创新创业工作组联动教学、学生工作、就业指导、团委、资产经营等有关部门,打通从培养体系到创业孵化的创新创业教育全链条,为学生提供全方位、全覆盖的创新创业培养和实践实训机会。

第三节 高校设立创新创业学院的原因分析

创新创业学院是高校中一类有别于传统基层学术组织的机构,其产生有着多方面的原因。从创新创业教育相关政策文本的回顾和高校创新创业教育的组织与行动看,其设立的主要原因在于:国家政策推动是高校设立创新创业学院的基本动力;创新人才培养是高校设立创新创业学院的使命职责;以学生为中心是高校设立创新创业学院的内在动力。

一、国家政策推动是高校设立创新创业学院的基本动力

创新创业学院,作为高校的新型内设组织,无学科支撑,其产生与发展离不开国家政策的推动。通过对其发展历程和特点的分析可知,高校设立创新创业学院的时间恰巧与国家政策的颁布时间相呼应。如黑龙江大学,2002年被教育部确定为全国九所创业教育试点院校之一后,设立了创业教育学院扎实开展面向全校学生的创新创业教育;2009年被教育部确定为国家级创业教育人才培养模式创新实验区;2016年被教育部授予"全国创新创业典型经验高校"称号。黑龙江大学创业教育学院的建设理念、建设方向和目标定位也都紧紧围绕着国家的方针政策。

首先,明确建设理念。2002年,黑龙江大学被教育部确定为全国九所创业教育试点院校之一,学校以素质教育观为核心理念,以个性化教育为指向,以多元质量观为基础,以学分制为平台,坚持两条主线并进:一是以综合素质培养为目标,培养能够适应、推动未来经济社会进步的知识、素质、能力协调发展的创新人才;二是以创新创业项目团队、创业人才培养为核心,培养能够引领未来经济社会发展的创业者、创业家或企业家。明确了"师生创新,开拓未来"的创业教育发展目标定位,构建了"平台＋层面"的创业教育体系,为创新创业教育课程奠定了基础。

其次,明确建设方向。党的十七大提出"提高自主创新能力,建设创新型国家"和"促进以创业带动就业"的发展战略。大学生是最具创新、创业潜力的群体之一,在高等学校开展创新创业教育,积极鼓励高校学生自主创业,是教育系统深入学习实践科学发展观,服务于创新型国家建设的重大战略举措;是深化高等教育教学改革,培养学生创新精神和实践能力的重要途径;是落实以创业带动就业,促进高校毕业生充分就业的重要措施,为创新创业教育课程建设指明了方向。

最后,明确目标定位。2010年教育部《关于大力推进高等学校创新创业教育和大学生自主创业工作的意见》〔教办3号〕文件中明确要求把创新创业教育有效纳入文化素质教育教学计划和学分体系,建立多层次、立体化的创新创业教育课程体系,为创新创业教育课程建设明确了建设理念。

2010年,教育部成立了创业教育指导委员会,对高校开展创业教育的理论与实践研究、课程建设、教材编撰、教学改革、实践活动、师资培训、经验交流等工作提供指导、咨询方面的服务和保障。《国家中长期教育改革和发展规划纲要(2010—2020年)》中明确提出"把创新创业教育融入人才培养的全过程""培养造就创新型科技人才""注重培养一线应用创新人才的要求""强化实践教学环节,推进创业教育"等,激发了高校设立创新创业学院的热潮。2015年是全国高校创新创业教育的"改革之年",也是高校设立创新创业学院的高峰期。国家出台的相关文件在指导思想、基本原则、人才培养、课程体系、教学方式、考核方法、实践活动、学籍管理、教学能力建设、指导服务、保障体系等众多方面出台了较为详细的实施意见。这对高校设立创新创业学院既是指导纲领又是政策引导。

黑龙江大学、上海交通大学等高校创新创业学院的设立和发展不仅代表着高校对创新创业教育的独到见解,也是高校进一步推进创新创业人才培养的主动思考,更是响应国家政策的积极作为。随着国家政策的出台和完善,全国高校掀起了创新创业教育的浪潮。这些高校抓住国家创新型战略背景下在经济、社会和科研等方面发展的重大机遇，认真解读政策的精髓和价值，从人才培养模式、师资队伍建设、课程体系建设、教育实践基地建设、开放合作战略等多个方面积极开展创新创业教育工作。另外，"全国深化创新创业教育改革示范高校""全国创新创业典型经验高校"等遴选评比工作一方面是为了深入贯彻党中央、国务院关于做好大学生创新创业工作的重要决策部署，另一方面也为全国高校提供了学习的经验和发展的动力。

二、创新人才培养是高校设立创新创业学院的使命职责

人才培养是高校工作的重心。创新创业教育作为一种实用性教育，首先应该明确目标定位，实际上就是对高校应"培养什么人"问题的思考。"高校创新创业教育的逻辑重点和鲜明特色在于创新人才的培养。"[1] 人才培养一直是高校和高等教育的历史使命，创新创业学院作为高校的内设组织，人才培养是其首要也是最为重要的责任和使命。在国家政治体制、经济体制改革的推动下，高等教育的职能发生了重大的变化，而提高人才培养的质量和水平一直是改革和发展的重中之重。为了深入推进高校创新创业教育的全过程、全覆盖、全链条式开展，一些高校设立创新创业学院，努力增强学生的创新精神、创业意识，提高创新创业能力，全面提升教育教学水平和人才培养质量。

1.使命和目标

从相关高校创新创业学院的使命和目标看，大体可以分为以下几类。

第一，培养学生"创"的意识、精神和能力。江南大学创业学院"以培养具有创新意识、创造理念和创业精神，掌握相关创业知识，具备一定创业能力的创新创业型人才为培养目标，致力于创业教育与创业实践的有机结合，为创业意愿强烈和有创业潜质的学生成长提供良好的环境和平台"[2]。山东财经大学创新创业教育学院"深入推进专业教育和创新创业教育的'专创融合'，培养学生的创新精神、创业意识和专业创新创业能力。协作开展创新创业教育课程和师资队伍建设、教学、创赛实践与创业孵化，推进创新创业教育改革"[3]。

① 李家华，卢旭东.把创新创业教育融入高校人才培养体系[J].中国高等教育，2010(12)：9-11.

② 江南大学创业学院简介[EB/OL].http://jdcy.jiangnan.edu.cn/info/1028/1626.htm.

③ 山东财经大学创新创业教育学院官方网站[EB/OL].http://sjjxcg.sdufe.cn//info/936.jspx.

第二,促进学生高质量地创业就业。复旦大学创新创业学院"把'培养什么人,怎样培养人'的重要任务摆在学校工作的突出位置,将创新创业教育作为落实国家创新驱动发展战略的重要任务,作为提升人才培养质量、推进学校综合改革的重要内容,作为促进毕业生更高质量创业就业的重要举措,确立以'铸造新灵魂、夯实一个枢纽、实现总体贯通'为创新创业教育改革的核心举措"①。

第三,通过梯度"双创"模式实现全体学生接受"双创"教育。江苏大学创新创业学院"通过点面结合、盖边沉底的工作推进,确保100%的学生接受'双创'普及教育,确保30%的学生接受'双创'专项培训,力求10%以上的学生接受'双创'精英训练,争取5%以上的学生在毕业5年内走上创新发展或自主创业道路"②。

2. 孵化和成效

科研项目。中山大学依托管理学院设立的创业学院,"截至2017年12月,累计承担各类国家级项目达200多项、国家各部委纵向项目100多项,其中主持自然科学基金创新研究群体项目1项,国家自科科学基金重大项目1项、重点项目7项,国家社会科学基金重大项目4项、重点项目6项,获教育部哲学社会科学研究重大课题攻关项目2项以及国家杰出青年科学基金项目2项"③。

经济效益。广州大学创新创业学院,"自2015年来开办的四期'创业精英班'共培养100余支学生创业团队,其中优秀创业团队40余支,获得省级以上奖励30余次,获得社会融资4000万元,创业团队市值达1.7亿元。部分团队获得全国'创青春'创业大赛金奖、银奖,并获得千万元融资。如广州五六点教育公司获得全国'创青春'创业大赛金奖,并获得1800万元融资;安小懒青年旅社获得千万元融资,市值达5000万元"④。

学生获奖。"2007年正式成立大连理工大学创新实验学院这一独立的二级学院⑤到2015年更名为创新创业学院这8年来,创新实验学院共培养创新创业

① 复旦大学创新创业教育工作体系介绍[EB/OL]. http://www.360doc.com/content/17/0523/22/10096_656606006.shtml.
② 江苏大学创新创业学院官方网站[EB/OL]. http://cxcyxy.ujs.edu.cn/xygk/xyjj.htm.
③ 中山大学创业学院官方网站[EB/OL]. http://bus.sysu.edu.cn/Introduction.
④ 广州大学创新创业学院官方网站[EB/OL]. http://cxcy.gzhu.edu.cn/xygk/cxcyxy.htm.
⑤ 2007年,大连理工大学成立创新实验学院,特设工科实验班,以培养卓越的、精英的、有创新精神和前瞻性视野的工程科人才为目标。该校真正意义上开展创新创业教育是从2015年开始。

人才 6000 余人。学院每年有 300 余项学生成果获得国家（国际）级奖励，每年有 2000 余人获得省级以上奖励。在全国大学生电子设计大赛、全国大学生电子商务'创新、创意及创业'挑战赛、'互联网+'大学生创新创业大赛、全国（国际）大学生数学建模、"挑战杯"、智能车、机器人、程序设计等高水平的竞赛中成绩位居前列。近年来，学生获得专利 2000 余项，发表论文数百篇，学生创业团队获得多项天使投资，取得了良好的社会效益和经济效益。"① 武汉理工大学创业学院，"三年（2014—2016 年）来，本科生在全国大学生机械设计大赛、数模竞赛、"挑战杯"、节能减排竞赛等重要科技竞赛中获省部级奖 2000 余项，获奖数量和质量位居湖北省乃至全国高校前列"②。浙江大学创新创业学院，"在 2017 年第三届中国'互联网+'大学生创新创业大赛中获得 3 金佳绩，以总分第一的成绩摘得全国桂冠。2017 年 1 月，被教育部认定为'全国首批深化创新创业教育改革示范高校'，2017 年 6 月，入选国家第二批'双创'示范基地"③。

面对政府的外助力、社会的外压力以及高校的内需力，各高校在这几方面的共同作用下设立创新创业学院。这是一个从高校自发到政府引导，从非独立建制到独立建制的发展过程，是高校人才培养模式改革的重要内容。各高校的官方网站和创新创业学院的官方网站关于"学院简介"一栏中学院的设立背景、教育理念、实践措施、教育成效等都紧紧围绕着"人才培养"。人才质量提升是每个高校的根本职责和使命，也是应尽的责任和义务。自中世纪大学产生之日起，大学便肩负着人才培养的职责，我们看到，随着大学职能的扩展，"象牙塔"已不再是大学的代名词，但是人才培养却一直都是大学最重要的职责，也是大学（学院）这一组织形成和发展的基础和根本动力。

三、以学生为中心是高校设立创新创业学院的内在动力

"以学生为中心"突出了受教育者的重要地位，但如何落实这一思想成为多年来尤其是 1999 年高校扩招以来我国高校人才培养的重点。创新创业教育在高校中的兴起和发展拓展了高校"如何培养人才"的思路和办法。

王占仁教授从目前我国高校创新创业教育的基本走向这一研究视角出发，

---

① 大连理工大学创新实验学院官方网站 [EB/OL]. http://chuangxin. dlut. edu. cn/xygk/xyjj. htm.
② 武汉理工大学创业学院官方网站 [EB/OL]. http://sen. whut. edu. cn/xygk/xyjj/.
③ 浙江大学创业学院官方网站 [EB/OL]. http://cxcy. zju. edu. cn/frontend/web/index. php？r=collegeintro% 2Fintro.

指出系统梳理创新创业教育在教育对象、知识体系和方法论体系方面存在的问题的迫切性,从探索"面向全体学生"的具体教育方式、确定"结合专业教育"的主要途径、丰富"融入人才培养全过程"的科学载体三个角度出发提出树立"大创业教育观"的整体构想。[①]而高校设立创新创业学院这一组织形式可以有效整合资源,统筹各方面的工作。

在多年的探索和实践中,各院校结合自身发展定位和优势,强化制度建设,形成了独具特色的大学生创新创业教育体系。如西南交通大学融"教育、实践、孵化、研究"四位一体,形成了机制、课程、队伍、平台、服务五大建设为主线的大学生创新创业教育体系。北京航空航天大学提出到 2020 年建立健全课堂教学、自主学习、结合实践、指导帮扶、文化引领融为一体的创新创业教育体系。四川文理学院创新创业学院构建了第一课堂和第二课堂相结合的"教学、实训、竞赛、孵化"四位一体的创新创业教育体系。衢州学院创业学院着力打造"创意培养、创新实践、创业孵化"融合的创新创业教育体系。

从以上分析可知,课程、师资、实践、研究、社团、竞赛、讲堂等都是这一体系的基本要素,是创新创业学院这一组织机构开展人才培养的重要组成部分。其中,课程体系尤为重要,许多高校形成了多层次、立体化的创新创业教育课程体系,以此为基础实施普及教育、实践教育和孵化教育,形成第一课堂与第二课堂互补的教育教学体系。如华南理工大学创业教育学院每年在形势与政策课程中开出"大众创业,万众创新"专题,覆盖大一、大二本科生。面向全体本科生、研究生开发开设创新创业基础、思维与方法、学科导论与前沿、跨学科交叉、创新创业实践五个层次的专门课程群并纳入学分管理。

不管是社会给予大学的期望还是政府给予大学的保障,大学本身的具体运行还是由学术组织来完成。学院作为学术组织的一种组织结构形式,既有行政功能,又有学术职责,是大学办学的重要载体。而"创新创业教育"是由外来的创业教育发展为具有中国特色的创新创业教育,"碎片化"的移植和"胎里不足"的嫁接发展使得创新创业教育在我国取得的实际成效不尽如人意。因此,创新创业教育的制度化发展显得尤为重要,也是值得深入研究的一个重要课题。

---

① 王占仁.高校创新创业教育观念变革的整体构想 [J].中国高教研究,2015(7):75-78.

第三章

高校创新创业学院的发展现状

　　各高校自 2002 年开始相继设立创新创业学院至今,从零星起步到规模化发展、从高校自发探索到政府自觉试点再到全面发展,全国公办本科院校深入贯彻落实国家政策方针、科学定位发展目标、积极深化教育改革,形成了一大批符合中国国情、具有学校和地方特色并且有国际前瞻性的创新创业学院。目前各高校创新创业学院的整体发展呈现出宏观特点,但在具体的发展中各有不同的侧重点。本章将以实际调研结果为基础,从宏观和微观两个层面对我国公办本科高校创新创业学院的发展现状进行分类、归纳和分析,并最终从人才培养的角度对创新创业学院的实际效果进行探究。

第一节　创新创业学院设立的整体趋势

　　要了解我国高校创新创业学院设立的整体趋势,就要对目前全国高校设立创新创业学院的情况有整体的把握。本书主要是对全国公办本科院校(其他类型的高校暂不考虑)设立创新创业学院的情况进行统计分析,试图发现其整体性特点。

一、研究样本说明

　　以中华人民共和国教育部官方网站 2018 年 6 月 14 日公布的《全国普通高等学校名单》中的 817 所公办本科院校为统计样本,并结合各高校官方网站、各二级学院官方网站、中华人民共和国教育部政府门户网站、中国教育统计网、中国大学网站等平台的相关数据,统计分析发现自 2002 年黑龙江大学创业教育学院成立至今,共有 160 所公办本科院校设立了开展创新创业教育、培养创新创业型人才的组织机构(统称为"创新创业学院"),占全国公办本科院校总数的 19.58%。[①]

二、创新创业学院的特点

全国公办本科院校设立创新创业学院的原因、基础、动力等因素均不相同,每个学院的发展侧重点有所差异。要深入了解学院的发展现状,首先应从高校类型、地域分布、设立时间、功能定位等不同角度分析创新创业学院的特点。

(一)结构层次性

根据不同隶属管理将我国高校分为中央部属高校和地方省属高校两大类。统计数据发现,目前创新创业学院在这两类高校中均有分布。设立创新创业学院的 160 所高校中有中央部属高校 31 所(其中教育部直属高校 24 所、国务院侨务办公室直属高校 2 所、工业和信息化部直属高校 1 所、国家民族事务委员会直属高校 2 所、中国科学院直属高校 1 所、交通运输部直属高校 1 所),地方省属高校 129 所。中央部委直属管理的 111 所高等院校中,设立创新创业学院的高等院校占比 27.93%,706 所地方省属公办本科院校中设立创新创业学院的高校占比 18.27%,见表 3-1。由此看出,部属高校更加重视创新创业学院机构的设置;地方高校设置该类学院的覆盖率低(不到 1/5),表明:多数地方高校仍在以传统学院为基础培养人才。

表 3-1　不同类别高校设立创新创业学院占比

高校数量 / 占比	中央部属高校	地方省属高校
高校总数	111 所	706 所
设立创新创业学院高校数	31 所	129 所
占比	27.93%	18.27%

[①] 其中有两所院校需要做特殊说明:中南林业科技大学创新创业学院虽然有官方网站但无相关信息,因此在本书中并未将其计入研究对象之中,以确保研究的科学性。湖北理工学院的创新创业学院,在办学模式上与一般的创新创业学院有一定的差别,但就本质而言,其管理模式、运行模式、体系模式等均符合创新创业学院的特性,因此笔者认为其属于创新创业学院的范畴。

（二）地域广泛性

由于研究的地域局限性,本次研究对象不包括我国台湾、香港、澳门地区。从地域分布来看,设立创新创业学院的公办本科高校分布在广东、江苏、北京、浙江、上海等27个省、直辖市以及自治区,涉及面较为广泛,见图3-1。其中值得特别说明的是,清华大学的全球创新学院(Global Innovation Exchange, GIX)坐落在美国华盛顿州西雅图,由华盛顿大学和清华大学联合创建、组织与管理。根据统计数据可以看出,广东、浙江、山东、江苏四个省份公办本科高校设立创新创业学院的数量大于或等于10所,分别为22所、21所、11所、10所,占总数的13.8%、13.1%、6.9%、6.3%;有5个地区仅有一所公办本科院校设立创新创业学院,分别是黑龙江、青海、山西、天津、重庆。我们从这里可以非常明显地看到,发达地区高校相对于其他地区高校更加重视设立创新创业学院。

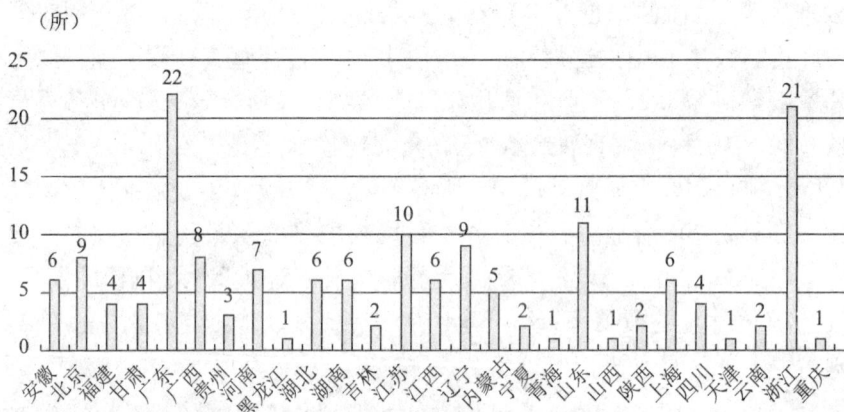

图3-1 我国创新创业学院地区分布示意图

（三）增长爆发性

从各高校创新创业学院的成立时间可以看出:近年来,我国公办本科院校设立创新创业学院的数量整体上处于线性增长趋势,见图3-2。2014年以来,创新创业学院发展规模逐渐扩大,并在2015年、2016年这两年爆发增长达到顶峰,其中2015年、2016年分别新增51所、57所公办本科高校创办创新创业学院。2017年、2018年这一现象有所缓和。出现这一现象并非偶然,一方面,国家出台文件和实施相关政策保障以及社会对创新创业型人才的迫切需要等多重因素促使高校积极推动创新创业教育的发展;另一方面,前期部分高校在探索和实践中取得了一系列突破性的成果,使得高校更加明确自身的发展诉求,对其他高校具有示范性影响。

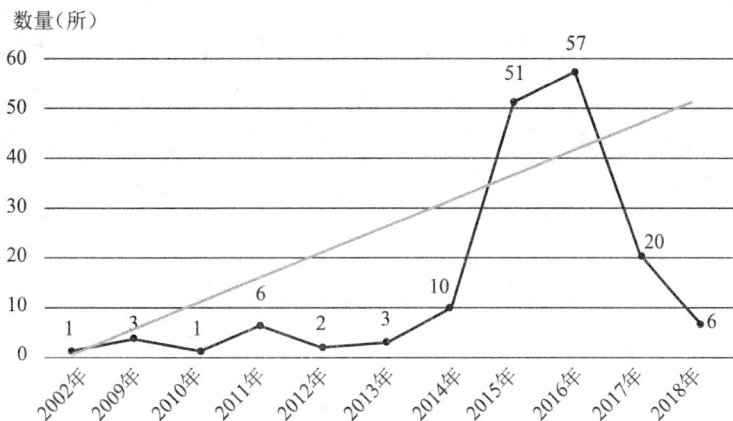

图 3-2　创新创业学院发展趋势

（四）目标差异性

高校设立创新创业学院的主要目标是培养创新创业型人才,但是在不同办学层次的高校中其创新创业学院的目标有所差异,主要分为以下两类。第一,中央部属高校中部分重点院校将创新创业学院组织目标定为培养具有国际视野的创业型精英人才。如南京大学与美国纽约大学、英国华威大学充分整合和发挥中、美、英三所著名大学的优质教育资源,充分整合国内外各类资源,联合成立创新创业学院。通过全新的教育理念和教育方式,为企业界人士及大学生提供创新创业教育,包括开展国际教育交流,推动科技创新成果孵化和产业化,培养具有国际视野的企业家。[①] 再如由清华大学、华盛顿大学和微软公司联合创建的全球创新学院,其目的是为了探索和应对众多世界性的挑战,培养富有探索精神和灵活解决问题能力的未来领导者,尤其是培养交叉、创新、异质性的全球化人才。[②]第二,部分中央部属高校和地方省属院校将创新创业学院组织目标定为培养符合国家发展、为区域经济服务的创新创业型人才。如上海交通大学创新创业学院的培养目标是使全体学生具有终身受用的创新精神、创造理念和创业意识;将

[①] 南京大学－纽约大学理工分校创新创业学院简介 [EB/OL]. https://innovation-entrepreneurship. nju. edu. cn/10038/list. htm.

[②] 清华大学 GIX－全球创新学院官方网站 [EB/OL]. http://www. tsinghua. edu. cn/publish/new-thu/8912/2015/20151109083101040967720/20151109083101040967720_. html.

部分有强烈创业意愿的同学培养成企业初创者和未来企业家;为上海市建设具有全球影响力的科技创新中心和国家经济转型升级提供重要支撑。[1]华南师范大学创新创业学院坚持"面向全体学生,结合专业教育,将创新创业教育融入人才培养全过程",立足国家经济转型升级所需的创新型人才培养。[2]江苏大学创新创业学院致力于全面培养学生具有"善于创新、敢于创造、勇于创业"的素质,着力打造"产品开发型"和"专业服务型"高层次创新创业人才。[3]

第二节 创新创业学院的理念

创新创业学院作为高校新型的内设性机构和人才培养特区,承担着创新创业型人才培养和实训孵化试验田的重任。创新创业学院在宏观层面有结构层次性、地域广泛性、增长爆发性、目标差异性等发展特点,而在具体的教育活动开展中,在微观方面存在不同的办学特色和侧重点,人才培养模式和效果也不尽相同。

一、办学理念

教育理念是创新创业教育的核心,是开展创新创业教育工作的方向和理论基础。要以转变教育思想、更新教育观念为先导,进而推动高校创新创业教育工作的开展以及提高人才培养的质量。2015年国务院办公厅《关于深化高等学校创新创业教育改革的实施意见》中更是明确提出形成科学先进、广泛认同、具有中国特色的创新创业教育理念是高校创新创业教育改革和工作的总体目标之一。

在指导思想方面,全面贯彻党的教育方针,落实立德树人根本任务,坚持创新引领创业、创业带动就业,主动适应经济发展新常态,以推进素质教育为主题,以提高人才培养质量为核心,以创新人才培养机制为重点,以完善条件和政策保障为支撑,促进高等教育与科技、经济、社会紧密结合,加快培养规模宏大、富有

---

[1] 上海交通大学创业学院官方网站 [EB/OL]. http://chuangye. sjtu. edu. cn/index. php ? a=intro&m=About.
[2] 华南师范大学创业学院官方网站 [EB/OL]. http://es. scnu. edu. cn/xygk/.
[3] 江苏大学创新创业学院官方网站 [EB/OL]. http://cxcyxy. ujs. edu. cn/xygk/xyjj. htm.

创新精神、勇于投身实践的创新创业人才队伍,不断提高高等教育对稳增长、促改革、调结构、惠民生的贡献度,为建设创新型国家、实现"两个一百年"奋斗目标和中华民族伟大复兴的中国梦提供强大的人才智力支撑。

在基本原则方面,一是坚持育人为本,提高培养质量。把深化高校创新创业教育改革作为推进高等教育综合改革的突破口,树立先进的创新创业教育理念,面向全体、分类施教、结合专业、强化实践,促进学生全面发展,提升人才素质,努力造就大众创业、万众创新的生力军。二是坚持问题导向,补齐培养短板。把解决高校创新创业教育存在的突出问题作为深化高校创新创业教育改革的着力点,融入人才培养体系,丰富课程、创新教法、强化师资、改进帮扶,推进教学、科研、实践紧密结合,突破人才培养薄弱环节,增强学生的创新精神、创业意识和创新创业能力。三是坚持协同推进,汇聚培养合力。把完善高校创新创业教育体制机制作为深化高校创新创业教育改革的支撑点,集聚创新创业教育要素与资源,统一领导、齐抓共管、开放合作、全员参与,形成全社会关心支持创新创业教育和学生创新创业的良好生态环境。

为了更好地掌握高校创新创业教育工作开展的整体方向,我们对160所院校的创新创业教育理念进行统计分析发现,各高校普遍坚持"以生为本",面向全体、分类施教、专业知识与训练相结合,促进学生全面发展的根本教育理念。本书选取了22所具有代表性的院校进行分析,结果显示,在实际的工作开展中,各个高校在结合政府政策、社会需求以及高校自身的发展特色的基础上,创新创业教育理念有所偏重,分别为"三创"教育理念、点面结合理念以及理论与实践相结合理念,见表3-2。

表3-2　22所院校的创新创业教育理念

类型(数量)	学校(学院)名称	创新创业教育理念内容
"三创"教育理念(11所)	清华大学(全球创新学院)	创意、创新、创业"三创"融合的高层次创新创业教育
	中国人民大学(创业学院)	培养具有创新、创造、创业能力的高素质人才
	复旦大学(创新创业学院)	构建"创新创意创业"课程体系,培养"宽口径、厚基础、重能力、求创新"的人才培养理念
	大连理工大学(创新创业学院)	构建国内领先的"创意—创新—创业"教育模式
	中国政法大学(创业学院)	将创造、创意、创新的精神融入各行各业,培养复合型、应用型、创新型、国际型"四型"人才

类型（数量）	学校（学院）名称	创新创业教育理念内容
"三创"教育理念（11所）	华南理工大学（创业教育学院）	坚持创新、创业和创造"三创"型人才培养
	南京中医药大学（创新创业创意学院）	利用第二课堂平台，创新、创业、创意三大模块进行学习
	广州大学（创新创业学院）	开展创意、创造、创业"三创"教育与实践
	衢州学院（创业学院）	打造"创意培养、创新实践、创业孵化"融合的创新创业教育体系
	西安交通大学（创新创业学院）	形成创意、创新、创业氛围
	南京大学（创新创业学院）	践行通识教育与个性化培养相融通的理念，融入整个"三三制"人才培养体系，贯穿大学本科教育的全过程
点面结合理念（5所）	上海交通大学（创业学院）	以"三个基点"和"三个转变"为指导思想，形成"面上覆盖、点上突破"的分层教育模式
	中山大学（创业学院）	以"点面结合，普及性教育和精英式教育有机融合"的思路建立创新创业教育课程体系
	江苏大学（创新创业学院）	点面结合，基于工科特色的办学实际，着力打造"产品开发型"和"专业服务型"的高层次创新创业人才
	华侨大学（创新创业学院）	坚持面上覆盖、点上突破、质上提高相结合，着力培养具有国际视野、创新型、重实践、有担当的高素质人才
	长沙理工大学（创新创业教育学院）	坚持"四个融入"指导思想，"普及教育"与"重点教育"相结合，以项目为抓手，以达成强化创新创业意识、塑造创新创业精神、提升创新创业能力的人才培养目标
理论与实践相结合理念（6所）	电子科技大学（创新创业学院）	坚持"开放合作、行业特色、精英教育、产学融合"的办学思路，围绕"互联网＋"、智慧城市、智能硬件、大数据、精准医疗、互联网金融进行创新创业
	西南交通大学（国际创新创业学院）	以"1+2+2"的创新办学模式，强化理论与实践的紧密结合
	浙江财经大学（创业学院）	以培养学生的创新精神、创业意识和创新创业能力为重点，积极推进创新创业意识和价值教育、能力与素质教育、实习与实训教育、实战与孵化教育，构建全链式创新创业人才培养体系

类型(数量)	学校(学院)名称	创新创业教育理念内容
理论与实践相结合理念 (6所)	安徽工业大学 (创新教育学院)	以创新能力开发班为平台、以创造教育系列课程为载体、以第二课堂科技活动为重点、以人文素质教育为核心、以专利申请为抓手、以创新实践基地为依托,探索应用型拔尖创新人才培养模式
	佛山科学技术学院 (创业学院)	立足地方,培养基础扎实、精于实践、勇于创新、敢于创业的高素质应用型人才
	百色学院 (中科创业学院)	着眼于未来创业精英和商界领袖,着重培养具有创新能力和创业精神的复合型、实战型的创业人才,同时面向全校学生开展创业教育工作,实行精英化教学管理

资料来源:根据各高校官方网站资料整理而成。

(一)"三创"教育理念

在对"三创"教育理念进行深入调查研究后发现,创新创业教育内涵不断丰富、创新创业教育工作不断深入的同时,"三创"的具体指向也发生了微妙的变化。

(1)创新—创造—创业。"三创"教育理念是2001年武汉大学率先提出的,该校坚持"三创"教育理念,即创业、创造、创新教育相结合,营造自由开放与鼓励创新的氛围。此后部分高校也将其作为实践创新创业教育和开展创新创业教育工作的基本方向。如华南理工大学创业教育学院坚持"三创"(创新、创业和创造)人才发展战略,并结合创业教育分层次指导的原则以及学生自身的实际情况,构建培养创业意识、培育创业技能和实行创业实践设置的三层次创业人才培养模式。武汉大学虽未设立专门发展创新创业教育活动的内设型学院,但是在很多方面都有自己的创新举措,如通识教育、课程设置和激励机制等推进创新创业和创造教育,具体如下。

一是推行通识教育、创新创业教育和艺术体育教育。成立通识教育委员会,重构中华文化与世界文明、科学精神与生命关怀、社会科学与现代社会、艺术体验与审美鉴赏四大类通识课程体系;开设通识教育大讲堂;重点建设一批核心通识课程,涉及思维方式、学习能力、人文素养、艺术鉴赏等学生成人成才教育的关键领域。

二是通过课程设置与项目带动创新创业创造教育。成立大学生工程训练和创新创业中心,面向全校学生开设34门依次递进、有机衔接、科学合理的创新创业教育通识课程群;每年立项建设1100余项大学生创新创业训练计划项目,打通学校创新创业教育全链条。学校还将艺术教育、体育教育纳入人才培养全过程,培养学生的人文情怀、健全的人格和健康的体魄。

三是通过激励机制引导学生接受创新创业教育。在激励学生学习方面,学校提高本科生奖学金总额度和受奖面;设立个人最高奖励额度达 2 万元的学生出国、出境交流学习专项奖学金;学校鼓励、支持和指导学生参加社会实践、创新创业、志愿服务等与专业学习无直接联系的社会活动,其活动经历、成果经相关活动主管部门认定,可获得创新学分。

(2)创意—创新—创业。随着理论和实践的不断深入发展,"三创"教育的内涵也产生了变化,部分高校开始用"创意"代替"创造"。如清华大学基于大学的重要使命与学生"双创"、教师"双创"一体两翼的实施路径实现创意、创新、创业"三创"融合的高层次创新创业教育理念。复旦大学在 20 世纪 90 年代就提出"宽口径、厚基础、重能力、求创新"的人才培养理念,并结合实际工作通过设立"创新创意创业专项教育课程"、设立"创新创意创业学程课程"、开设"创新创意创业大讲堂",构建创新创意创业课程体系。

(3)创意—创新—创造—创业。这以南京大学为典型代表。南京大学遵循"四个融通"的人才培养理念——学科建设与本科教学融通、通识教育与个性化培养融通、拓宽基础与强化实践融通、学会学习与学会做人融通,实施"三三制"本科教学改革,明确提出通过开设系列就业创业课程、加强创新创业训练、促进交叉学科知识学习、强化实习实践环节,着重培养就业创业类人才,促进学生实现更高质量的就业与创业。南京大学的"四创"融合工程是实施创新创业教育的重要载体,依托学校文、理、工、医等多学科基础,充分挖掘人文社会科学在创意活动、自然科学在创新活动、工程科学在创造活动等方面独特的优势,吸引交叉学科的师生、校友和企业共同开展创意、创新、创造、创业教育和实践活动。

(二)点面结合理念

这一理念是将普及性教育与精英式教育进行有机融合。如中山大学作为国内最早成立专门从事工商管理教育和研究的院校之一,结合现有的大类培养和辅修 / 双专业 / 双学位制度,依托创业学院"黄埔班",实施创新创业的精英实验教育。上海交通大学的创业学院形成了"面上覆盖、点上突破"的分层教育模式,一方面,通过开设通识课、开展"PRP 计划"等措施将创新、创意、创造的精神和理念渗透到专业教育中,并形成全校的创新创业氛围;另一方面,培养部分有强烈创业意愿的同学成为大学生创业的"种子选手",培养未来的企业家。江苏大学通过"点面结合、盖边沉底"推进工作,确保 100% 的学生接受"双创"普及教育,30%的学生接受"双创"专项培训,力求10%以上的学生接受"双创"精英训练,争取5%以上的学生在毕业五年内走上创新发展或自主创业道路。华侨大学创新创业学院坚持"面上覆盖、点上突破、质上提高"相结合,以培养大学生的创新创业意识和精神为目标引领,同时推动科技成果的转化与实现。

(三)理论与实践相结合理念

创新创业教育作为一种偏向于实践的教育,在实施中应坚持第一课程与第二课程的融合,坚持专业教育与实践教育的融合。如西南交通大学国际创新创业学院实行"1+2+2"的创新办学模式,融"教育—实践—孵化—研究"四位一体,进行国际化合作办学。电子科技大学围绕"互联网+"理念,构建"1+1+1"创新创业培育模式和"3+X"课程体系,加快推进构建创业导师库、创新创业项目库、创投资金库和创新创业人才库,打造"创客空间"。佛山科学技术学院通过开设创业创新班、"4+1"MBA班、"3+1+1"MBA班、创业教育培训班等培养学生的创业知识、创业意识、创业素质以及创业能力。

二、办学形式

从创办的主体来分,创新创业学院可以分为独立创办形式和联合创办形式。根据具体的运行情况,独立创办形式还可分为创生式、演变式和依附式。

(一)独立创办形式

独立创办形式是指高校依托自身内部的力量创办学院,无第二方或第三方的参与。据统计,研究对象中大多数院校都是这种创办模式,但实际情况较为复杂,主要分为三种形式,下面做具体分析。

第一,创生式。指高校根据相关政策规定直接成立的创新创业学院。依据国务院办公厅、教育部以及各省、自治州、直辖市的相关文件精神,在校党委或创新创业教育工作领导小组或创新创业教育指导委员会等机构的领导下成立了创新创业学院这一组织机构,如上海交通大学、南京大学、中国人民大学。这里特别说明的是,南京大学创新创业学院,是由中国的南京大学、美国的纽约大学和英国的华威大学三所院校联合创办的,但主体还是高校,因此也将其归于此类型。

第二,演变式。指高校在大学生(创新)创业教育中心、(创新创业教育)实验班等平台的基础上成立的创新创业学院。如常州工学院创新创业学院的前身是大学生科技实践创新中心。广西师范大学的创新创业学院前身是2015年12月成立的创新创业教育中心。在创新创业教育工作领导小组的带领下,主要承担创新创业教育工作的统筹、整合、管理、指导、服务等职责。辽宁石油化工大学教育实验学院的前身是理论实验班,该实验班是2003年为本科教学改革而建立的,连续运行了五年,主要职能是进行拔尖型创新人才的培养。在此基础上,学校在2009年又成立了教育实验学院。后依据相关文件精神,于2015年12月学校决定撤销教育实验学院建制,在原教育实验学院基础上成立创新创业学院。这一创办形式的主体仍是高校,但有其特殊的历史沿革,因此将这一类形式称为"演变式"。

第三,依附式。指高校主要依托普通二级学院或与非普通学院、教育中心等合署办公或挂靠教务处、学工部(处)、团委、就业招生工作处等。第一,依托普通二级学院。如中国矿业大学创业教育学院、中山大学创业学院、深圳大学创业学院、吉林大学创新创业教育学院等均依托该校管理学院开展教育、管理、培训等工作。上海财经大学创业学院主要依托国际工商管理学院的师资和学科力量。浙江外语学院跨境电子商务创业学院以科技学院为依托。江南大学创业学院由商学院负责教学与指导,开展一系列课程和讲座。第二,与非普通学院、教育中心等合署办公。如湖北文理学院创新创业教育学院与孔明学院合署办公,主要负责教学、实践的组织实施和组织开展SYB、KAB等创新项目的实施。浙江工商大学创业学院,依托学校大商科的专业学科特色优势,与章乃器学院合署办公,主要通过开设创业实验班及与校外企业定向班共同组织开展大学生创业教育,成为学校的管理型学院。还有部分院校与特殊人才培养中心合署办公,如重庆工商大学创业学院与经济管理实验教学中心合署办公,下设创客分院。第三,挂靠教务处、学工部(处)、团委、就业招生工作处等学校部门。如韶关学院创新创业学院挂靠教务处,负责制定规划、组织工作、开展校政企合作与交流。江苏大学创新创业学院办公室挂靠学生工作处,学生工作处处长兼任办公室主任。赣南师范大学创业学院挂靠在学工部(处)、团委,接受学校大学生创新创业工作领导小组领导。华北水利水电大学创新创业学院的相关职能包括原教务处的创新职能和招生就业处的创业职能。这一类型具体可细分为以上三种创办形式,主体仍是高校,这里又称之为"依附式"。

(二)联合创办形式

联合创办形式是指两方或两方以上的机构协调进行办学,主要是由高校牵头,政府、企业、科技创业园等协同负责。此类创办形式在研究对象中占比相对较少,主要列举八所具有典型代表的院校,见表3-3。

表 3-3　八所联合创办形式特点分析

类型	院校名称	共建情况	特点
两方联合	中南财经政法大学 （湖北青年创业学院）	共青团湖北省委与中南财经政法大学共建	政校联合
	济南大学 （创业学院）	济南市市中区政府与济南大学共建	政校联合
	常熟理工学院 （新道创新创业学院）	新道科技股份有限公司与常熟理工学院共建	校企联合
	百色学院 （中科创业学院）	中科招商投资管理集团股份有限公司与百色学院共建	校企联合
三方联合	西安交通大学 （创新创业学院）	西安交通大学与西安市科技局、建设银行陕西分行合作共建	校政企联合
	华中科技大学 （中科创业学院）	华中科技大学与武汉市科技局、洪山区人民政府联合创建	校政企联合
	山东工商学院 （中科创业学院）	山东工商学院与中科招商集团、莱山区政府三方共建	校政企联合
多方联合	常州大学 （常州市大学生创新创业学院）	常州市人力资源与社会保障局、共青团常州市委、常州市科教城管理委员会和常州大学联合建设	政校联合

从表 3-3 可以看出，不论是两方联合、三方联合还是多方联合，高校创新创业学院的创建具有以下几个特点。

第一，政府积极参与。如常熟理工学院的新道创新创业学院虽是校企联合共建，但常熟市人民政府副市长出席了该学院挂牌仪式并做了重要讲话，政府在资金、政策方面也提供了有力的保障。再如，中南财经政法大学与共青团湖北省委共建的湖北青年创业学院是湖北省和中部地区教育部直属高校中的首家创业学院，并在全国开创了省级团委与教育部直属高校共建创业学院的先河。共青团中央、全国青年联合会、国际劳工组织还联合授予中南财经政法大学"大学生KAB 创业教育基地""KAB 创业教育（中国）项目优秀院校"等称号。

第二，校企推进成果转化。如百色学院与中科招商集团合作建立的实体性创业学院，围绕产业和资本，加强"产学研创"一体化人才培养模式，使之成为连接学校和产业的开放式平台。同时，中科创业学院亦面向百色地区有创新精神和创业潜力的大学生及创业青年开展创业教育，提供"一条龙"服务。

第三，高校利用优势资源。如西安交通大学充分利用创新创业学院这一大平台，与第一教学课堂紧密结合。济南大学创业学院作为专业化的创业平台，对学生进行全程化的创业辅导，由资深咨询师和企业家组成的强大创业导师团队，为创业者提供创业培训、项目打磨、经营管理、项目推介、资源对接等"一条龙"的创业咨询和辅导服务,促进创业团队在导师的指导下快速成长。

第三节　创新创业学院的治理结构

高校创新创业学院因办学主体不同,其实际内部治理结构存在一定的差异,但也有一些共同特点。从领导体制看,创新创业学院主要实行院长负责制,校领导兼任院长比较普遍;从组织架构上看,具有协同治理的特点,无论由哪些机构来承担创新创业学院职能,其治理都需要多方共同合作来完成。可见,创新创业学院具有学校主导、多机构参与的特点。

(一)领导体制

创新创业学院实行院长负责制,因其学院独特的政策背景、建院目标和学院结构,学院的领导人(这里仅统计院长、副院长)大多由该校校领导兼任。统计以下八所代表性院校的组织领导人,见表3-4。

表3-4　八所院校院领导人职务情况统计

院校名称	学院职务	任职者
电子科技大学 (创新创业学院)	名誉院长	四川省成都市委书记
	院长	学校党委副书记
	副院长	副院长
江苏大学 (创新创业学院)	院长	校长
	副院长	分管学生工作的校领导
	副院长	分管本科教学工作的校领导
	副院长	分管研究生教学工作的校领导
北京建筑大学 (创新创业教育学院)	院长	学校党委副书记
	副院长	教务处处长
重庆工商大学 (创业学院)	院长	分管教学副校长
	执行院长	经济管理实验教学中心主任
浙江科技学院 (创新创业学院)	院长	副校长
	副院长	教务处处长
	副院长	学工部部长
	副院长	团委书记

续表

院校名称	学院职务	任职者
常州工学院 （创新创业学院）	院长	副校长
	常务副院长	教务处副处长
丽水学院 （创业学院）	院长	院长
	副院长	丽水市农村电子商务学院院长
	副院长	学生处副处长
	副院长	教务处副处长
闽江学院 （创新创业学院）	院长	校党委副书记
	常务副院长	团委书记
	副院长	学工部部长
	副院长	教务处处长

从表3-4中可以看出,创新创业学院大多配备一名院长、一名或多名副院长,副院长协助院长开展创新创业学院的各项工作。其中,院长多由该校校长、副校长、党委副书记等兼任。副院长多由该校教务处、学工部、团委等重要职务负责人兼任,其工作分为三种形式:一是区分度不高,如官方网站中显示浙江科技学院的三名副院长的工作均是协助院长做好学院的发展规划、资源统筹等工作。二是区分度较高,如丽水学院的创业学院,由丽水市农村电子商务学院院长兼任的副院长的职责是协助院长完成创新创业教育和培训工作;由学生处副处长兼职的副院长主要协助院长做好大学生创业指导和就业工作;而教务处副处长兼职的副院长的分管工作是协助院长做好大学生创新创业实践基地建设和管理工作。三是兼职校内导师职务。如电子科技大学创新创业学院的院长、副院长均担任校内导师,不仅对学院的教育工作进行统筹规划,而且对学生的项目、竞赛等进行指导。

（二）组织架构

创新创业学院作为一种特殊的大学内设机构,如何确保工作有效进行至关重要。而院校在实际开展工作中对其组织架构重新进行了设计和安排,采取了以下几种形式对创新创业教育工作进行统筹、管理、整合和服务。

1. 直线—职能式

这种形式指在创新创业教育工作领导小组的直接领导下,主要负责领导、组织、协调和指导全院的创新创业教育工作。创新创业教育工作领导小组一般由校长(或校党委书记)担任组长,分管校领导(如教学工作、学生工作、就业工作、科技工作)担任副组长,各职能部门负责人(如分管教务处、研究生院、校团委、学生工作处、就业工作处、国际合作交流处、科技园、科学研究院、人事处、督评处、学科与专业发展规划处、高教所等单位以及商学院等二级学院)为成员。一般下设工作办公室,挂靠教务处、招生就业处等机构。创新创业教育工作领导小组主要负责统筹规划全校的创新创业教育工作,包括:负责学校创新创业教育改革的总体设计和规划;决定学校创新创业教育改革、发展中的重大事项;对学校创新创业教育工作进行总体分工和协调。各个部门又有自己的具体职责,形成了主要领导牵头、分管领导具体抓、各部门联动的有效工作机制。一般组织架构如图3-3所示。

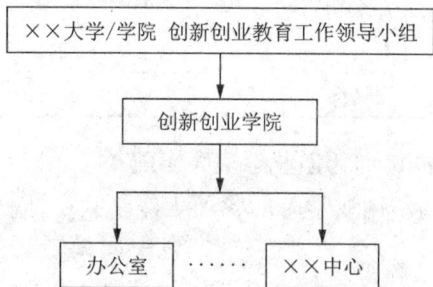

图3-3 创新创业工作领导小组直接领导示意图

2.委员会式

这种形式是指创新创业教育工作领导小组、创新创业教育工作委员会(管理委员会、发展委员会、执行委员会、专家咨询委员会、顾问委员会等)、理事会等中的至少两方共同领导、指导、规划、统筹、决策学院工作中的相关重大事项。根据领导主体的不同分为以下几种类型。

(1)校创新创业教育工作领导小组、院创新创业教育工作委员会共同组织领导。委员会的主要职责包括规划创新创业教育的具体实施方案,完善创新创业课程体系,制定创新创业项目支持政策,教材编写,师资培训,创新创业教育改革研究,提供创业指导、咨询和服务等。由各办学学院、教务处、学生处、研究生处、团委、就业指导处、科技园等单位里富有经验的一线教师、资深的创新创业专家和具有创业实践的企业家等担任委员。创新创业教育专家指导委员会负责创新创业建设项目的评审、评议、评估、检查和鉴定,指导创新创业教育改革与实施,积极运用大数据等先进技术手段,对学校创新创业教育工作进行研究、指导、评估、咨询和服务,加强创新创业教育的指导管理和监督评价,促进各学院(部门)开展创新创业教育工作。

（2）内外联合式。学院理事会是创新创业学院的办学指导机构。理事会成员单位主要由政府、国内外高校及国内外企业构成，理事会成员由理事会成员单位委任，具体包括国内外高校领导，政府相关部门领导人，国内外创新创业教育学者，具有一定影响力的国内外风险投资家、企业家、媒体负责人等。同时学院理事会为创新创业学院的发展战略提供咨询意见，为创新创业学院的外联筹款提供支持。根据资料及调查，理事会成员单位根据自身特点，一般为学院提供以下支持：一是提供创业交流、创业培训与政策对接服务；二是引入创新创业载体、创新创业产品及其他服务机构；三是提供创新创业服务、创业孵化；四是提供路演活动场地、路演辅导及其他路演支持，共享导师团队资源；五是提供创业投资、股权投资及相关综合服务；六是提供初创企业云平台软件、云服务及相关技术支持；七是提供创业资金支持、与创业学院共建创业基金。

（3）校创新创业教育委员会、院理事会共同组织领导。这一类型的校创新创业教育委员会主要包括校创新创业教育发展委员会、校大学生创新创业竞赛组委会和校创新创业教学指导委员会。创新创业教育发展委员会具有统筹、组织、规划的作用。校大学生创新创业竞赛组委会主要负责创新创业大赛和项目（国家级、省级、市级、校级）的组织、开展、总结表彰等工作。校创新创业教学指导委员会负责修订、审议培养方案。

（4）联合管理委员会、校外（企业、政府、学界顾问）形成的咨询委员会共同组织领导。这一类型往往较多存在于具有国际化趋势的高校，它们比其他学院更具有丰富的教育资源和广泛的社会影响力，那么在组织领导上是如何规划和安排的呢？三方领导在创新创业学院的发展规划上取得了一致共识，由三方共同设立的联合管理委员会进行监督和管理，并建立创新创业基金进行运营，同时特别设立由企业、政府、专家组成的咨询委员会为学院发展提供咨询与建议。创新创业学院顾问委员会的各位顾问也都是各领域的社会名流，拥有强大的社会资源和非凡的个人能力，对学院发展工作充满热情且发挥着重要的作用。

第四节　高校创新创业学院的运行

高校创新创业学院的运行是建立在其领导体制机制、组织架构和职能基础上的。首先，通过对部分"双一流"高校创新创业学院的调研，可以发现其运行方式存在差异。其次,通过对全国高校创新创业学院的教育模式、课程体系和办学保障措施的分析,能够看出创新创业学院的运行整体上以人才培养体制机制改革为出发点,着力提高人才培养质量。

一、部分"双一流"高校创新创业学院的运行机制

目前,我国共有 42 所"双一流"高校,通过逐一检索这些学校的创新创业学院开设情况,发现已经开设创新创业学院的高校有 17 所(占"双一流"高校总数的 40%),北京大学仍在筹备之中,见表 3-5。较早开设创新创业学院的是:南京大学一纽约大学创新创业学院、中山大学创业学院,均在 2009 年成立;其他学校的创新创业学院多在 2015 年前后成立,这与该年度国务院办公厅印发了《关于深化高等学校创新创业教育改革的实施意见》的政策驱动密切相关。

从职能上看,创新创业学院的主要职能是承担创新创业教育、开展创新创业训练、服务创业企业孵化。从管理体制看,学院领导主要成员一般由校领导兼任,同时下设办公室,多数学院属于"平台型"学院,由校内多个部门协同完成创新创业教育相关工作。从组织架构看,创新创业学院的组织架构与其他二级学院有一定的区别,它们不是普通的"教学科研型"学院,而更倾向于"管理服务型"学院,一般包括综合服务办公室、创新创业教育中心、创新创业孵化中心等部门。需要指出的是,湖南大学创新创业学院较有特色,它是以虚拟创业学院为平台,为学生提供线上、线下课程,从课程层面来推进本校的创新创业教育。

表 3-5 "双一流"高校设置创新创业学院情况[①]

序号	学校名称	成立时间	主要职能	领导班子	组织架构
1	南京大学一纽约大学创业学院	2009 年 10 月(2012 年 10 月英国华威大学加盟)	充分整合中、美、英三所著名大学的优质教育资源,通过全新的教育理念和教育方式,为中、美、英三方,特别是为中国政府、企业界人士及大学生提供创新创业教育,包括开展国际教育交流,对各界人士进行培训,推动科技创新成果孵化和产业化等	执行团队包括:副院长 1 名,财务部副主任 1 名,培训部工作人员 4 名	实体型学院;学院由三方共同设立的联合管理委员会进行监督管理,并建立创新创业基金进行运营,同时特别设立由企业、政府专家组成的咨询委员会为学院发展提供咨询与建议

---

① 根据各高校官方网站提供资料整理。

序号	学校名称	成立时间	主要职能	领导班子	组织架构
2	中山大学创业学院	2009年	面向全体在校大学生进行创业教育培训工作。学院以培养具有创新能力、创业精神、坚强的创业心理品质以及复合型的经济管理将才为目标，通过系统全面的创业理论知识与实践活动培养学生具有创新性、冒险性、主动开拓性的时代创业精神	院长1名，副院长1名，教学总监、副总监各1名，行政总监1名，行政办公室主任、副主任各1名	挂靠型学院；以该校管理学院为依托
3	上海交通大学创业学院	2010年6月	创业学院平台实现创业意向同学、创业导师团和风险投资家等群体的有效集聚，推动更多有潜力的大学生成为未来企业家，更多大学生创业项目变成现实企业	校党委副书记任院长，副院长7名（来自安泰经管学院、学生工作处、科技园、教务处、研究生院、校团委等部门），院长助理1名	平台型学院；"无形学院、有形运作"的特色，充分发挥了组织优势和平台作用，实现了校内外资源的高效整合。下设教务与实践办公室、科研与财务办公室、行政与对外交流办公室三个实体办公室，共有专兼职人员16名
4	华南理工大学创业教育学院	2011年4月	负责全校的创业教育，发挥理工科大学的独特优势，创新与创业紧密结合，通过创业实现科技成果的商业化	实行院长负责制，设有院长1名，副院长2名	挂靠型学院；依托工商管理学院
5	东北大学创业学院	2014年6月	秉承"服务学校发展、服务学生成才"的工作宗旨，注重理论教学与实践教育、创新创业教育与专业教育、创新创业文化与校园文化的"三个融合"。以创新实践班、创业先锋班、创新创业团队为载体，为每一个学生提供全过程、全方位、互动型、体验式的创新创业教育、训练、成果孵化与转化平台	主管教学工作副校长兼任院长，常务副院长（执行院长）1名，副院长2名	实体型学院；下设科普部、项目部、竞赛部、创业部等

续表

序号	学校名称	成立时间	主要职能	领导班子	组织架构
6	湖南大学虚拟创业学院	2014 年	该校以虚拟创业学院为平台，深入推进创新创业教育改革，努力培养大众创业、万众创新的生力军。虚拟创业学院是一个网络平台，提供线上课程、线下课程	虚拟创业学院不设编制、行政级别、专任教师	虚拟型学院；整合该校教务处、校团委、招生就业中心、工商管理学院、远程与继续教育学院等优质教育资源，分工合作，协调运行
7	天津大学宣怀学院	2015 年 2 月	面向有创新精神和创业潜力的大学生开展创业培训，为大学生创业团队提供从科技成果专利保护、成果转化、创业咨询到创业资金支持的一条龙服务。政府、高校、企业出资 33 亿余元，搭建旨在破解大学生创新创业难题的"众创空间"平台	—	平台型学院；设有课程中心、服务中心和孵化中心
8	清华大学全球创新学院	2015 年 6 月	致力于培养具有全球视野和创新精神的领军人才，探索解决包括智能硬件、医疗健康、清洁能源在内的挑战性问题	院长 2 名，常务副院长 1 名，副院长 1 名，北美 GIX 主任 1 名	实体型学院；清华大学在海外设立的第一个实体校区，与华盛顿大学联合办学
9	中国人民大学创业学院	2015 年 6 月	组织创新创业教育课程，普及创新创业知识；组织开展创业训练，提升创新创业能力；支持学生开展创新创业实践，服务创业企业孵化；搭建创新创业教育公共平台，打造创新创业教育生态圈等	校党委书记、校长任顾问，副校长任院长，副院长 8 名（劳动人事学院、商学院、教务处、招生就业处、学生处、文化科技园、法学院、校团委负责人），执行院长、副院长各 1 名	平台型学院；在学校学生就业创业工作领导小组的领导下组织开展创新创业教育相关工作。包括综合服务办公室、创业教育中心、创业训练中心、创业实践中心等部门
10	武汉大学创业学院	2015 年 6 月	学校成立创业学院，设立院务委员会，明确职责分工，共同推进大学生创新创业	—	挂靠型学院；创业学院依托本科生院、经管学院。

序号	学校名称	成立时间	主要职能	领导班子	组织架构
11	电子科技大学创新创业学院	2015年9月	集创业教育、创业投资、创业辅导、创业交流平台服务于一体,为师生提供新型的创新创业平台。主要职能:创新创业人才培养、创新创业课程建设、创新创业平台建设	—	挂靠型学院;依托校团委开展创新创业工作。实际开展工作的内设部门:创新创业学院办公室、众创空间管理委员会
12	大连理工大学创新创业学院	2015年	创新创业实践班人才培养模式的改革与实践;大学生创新创业实践示范基地的建设;大学生科技竞赛的组织、培训、选拔与作品培育;大学生科技创新活动的组织;大学生创新创业教育、创新成果的孵化与转化;大学生创客基地、创业孵化园建设	院长1名,书记1名,副院长1名	实体型学院;由以下四个平台组成:"兴趣+"创意激发平台、"课程+"能力训练平台、"项目+"创客教育平台、"产品+"创业孵化平台
13	复旦大学创新创业学院	2015年12月	联动各院系专业、科研机构和校内相关部门以及政府、企业等社会资源,打通从培养体系到创业孵化的创新创业教育全链条,为学生和校友提供全方位、全覆盖的创新创业培养和实践实训机会	常务副校长兼任创新创业学院院长	实体型学院;集行政事务、教务教学、活动管理、政策咨询、基金孵化等功能于一体的行政服务平台
14	同济大学创新创业学院	2016年10月	深化创新创业教育改革,激发学生、教师两大创新主体的主动性和积极性;协同创新,完善体制机制建设,促进创新创业教育;引领示范,形成具有鲜明特色并能加以推广的创新创业教育改革模式;专创融合,设计驱动,师生共创,推进技术成果转化	中国工程院院士兼任院长,2名校领导兼副院长,专职院长1名,办公室副主任2名	平台型学院;在学校创新创业教育工作领导小组指导下开展工作,成立教学指导委员会、专家指导委员会,学院下设办公室、教学部、能力部、实践部
15	西安交通大学创新创业学院	2016年12月	负责建设创新创业教育教师队伍、创新创业教育课程体系和学科交叉创新平台,为开展创新创业教育提供全方位的支持和保障,为培养学生的创新意识和创业能力提供指导和服务	—	学校与全国高校创新创业投资服务联盟签约共建创新创业学院,联合推动高校"双创"教育工作

序号	学校名称	成立时间	主要职能	领导班子	组织架构
16	浙江大学创新创业学院	2017年4月	是学校创新创业教育的枢纽机构,统筹协调全校创新创业教育,是浙大面向学生开展创新创业教育的主要平台。统筹和集聚校内外创新创业教育资源,系统构建以创业意识激发、创业技能提升、创业项目优化、创业融资对接、创业公司落地等环节为核心的"全链条式"创新创业教育体系	校党委副书记任院长,副校长任常务副院长,副院长4名。学院下设办公室,设有办公室主任1名	平台型学院;学校多个部门协同联动,共同推进
17	华东师范大学创新创业学院	2018年12月	负责本校大学生的创新创业工作。	—	学校管理服务机构
18	北京大学创新创业学院	(筹备中)	已经完成前期的准备工作和主要学科的课程设计。主要目的是培养学生的创意思维、创新思维、创业精神,教给学生新的方法和技巧,让他们发挥自己的才能。学校也在探索新的教育方法来完善培养人才的教育体系	创新创业学院筹备组组长、长江学者、千人计划特聘教授陈东敏	提供创业讲堂、新青年创客空间(初级孵化器)、创客咖啡及交流区、创新设计及创意产品展示中心、极客实验室等

通过对部分"双一流"高校创新创业学院的调研发现,目前创新创业学院的运行主要包括以下几种:一是实体型创新创业学院,如大连理工大学创新创业学院、南京大学—纽约大学创新创业学院;二是平台型创新创业学院,如同济大学创新创业学院、浙江大学创新创业学院、浙江师范大学创新创业学院;三是"虚拟型"创新创业学院,如湖南大学虚拟创业学院。以上三种类型的创新创业学院,其中以平台型创新创业学院较为多见。由于大学生创新创业工作需要由多个相关部门协同完成,因而成立平台型创新创业学院,符合目前高校开展创新创业的现实情况。

需要指出的是,有的平台型创新创业学院采取实体方式运行,如上海交通大学创业学院;也有的采取挂靠或依托某个相关部门,如电子科技大学创新创业学院挂靠校团委。

无论是实体型、虚拟型还是平台型的创新创业学院,都在教育模式、课程体系和办学保障方面强化人才培养体制机制的改革,形成了不同的创新创业教育样态。

二、高校创新创业学院的教育模式

教育理念和教育目标决定了教育的模式。在理论研究和实践探索中,高校将教育理念作为创新创业教育的出发点,将教育目标作为创新创业工作的落脚点,并结合该校的自身特点和优势,形成了各自独具特色的创新创业教育模式。在对这 160 所院校进行系统分析后总结出以下几种类型的教育模式。

(一)"融合式"教育模式

这里的"融合式"教育模式也就是"综合化"的教育模式。根据不同的侧重点,又对其进行了分类。

(1)"三创"融合。该模式立足于创意、创新和创业相融合的视角,强调理论与实践相结合。如复旦大学将创新创意创业理念融入课程教学中,构建创新创意创业课程体系。暨南大学创业学院以"三创"(创意、创新、创业)教育为宗旨,形成独具特色的"三创"教育生态模式。广东财经大学创业教育学院在探索和实践中构建了"创业教学 + 创业模拟 + 创业实践"的独特模式。衢州学院创业学院着力打造"创意培养·创新实践·创业孵化"的"三创"融合的教育模式。

(2)与政府、企业的协同融合。南方科技大学通过"创新英才计划"与校内各院系、校外知名研发机构及企业深度融合,形成了全新的创新创业专门人才培养教育模式。中科招商集团与百色学院合作建立实体创业学院,围绕产业和资本,建立高校"硅谷",加强"产学研创"一体的教育模式。济南大学与济南市中区人民政府合作创建创业学院,创新"政产学研"合作模式。

(3)融入人才培养全过程。最典型的代表是黑龙江大学创业教育学院,其坚持"面向全体、基于专业、分类培养、强化实践"的工作方针,确立"将创业教育理念与内容融入人才培养全过程"的"融入式"创新创业教育模式。

(二)"小班化"教育模式

这一类教育模式是现如今各院校使用率最高的模式。创新创业学院通过严格的选拔制度招收班级成员,有完整的人才培养体系,有制度政策以及相关的专项资金保障。选拔对象或不限专业、不限年级,或有其他条件,涉及本科生、研究生以及社会人员等。

(1)建立班级组织。针对不同领域人才需要成立相关班级,如温州大学的创业人才培养改革实验班,设立创业管理双专业双学位班、创业先锋班(辅修专业)、经理成长班(校企合作培养)、企业接班人培训班、大学生村官创业班、奥康电子商务创业班。扬州大学创新创业学院挑选优秀且富有强烈创新创业意愿的同学组成创新创业实验班、创新实践实验班,均采用"书院制"培养模式。深圳大学面向全校招收 40~50 人,开设创业精英班,进行小班精英教学。浙江工商大学创业学院主要通过开设创业实验班及与校外企业定向班来组织开展大学生的创业教育,首创创业人才个性化培养模式。这一教育模式实现了普及化教育基础上的精英化教育,更有利于师资、资金等资源的合理利用,更有针对性地培养创新创业型人才。

(2)制定人才培养方案。许多高校的创新创业学院有着完善的人才培养方案,如扬州大学作为成功入选首批江苏省深化创新创业改革示范高校,在推进创新创业教育活动的具体教育措施中尤其重视从各个方面提高人才培养的质量:① 完善人才培养质量标准;② 修订人才培养方案;③ 完善创新创业能力培养体系;④ 探索建立协同育人新机制;⑤ 建立健全创新创业教育课程体系;⑥ 改革教学方法和学生学业评价办法;⑦ 完善学籍管理制度;⑧ 激励大学生创新创业;⑨ 完善学生创新创业训练机制;⑩ 支持学生参加各类创新创业竞赛和学科竞赛;⑪ 加强创新创业实践实训基地和平台建设;⑫ 加强和改进学生创新创业指导服务;⑬ 加强创新创业社团和文化建设;⑭ 建设专兼结合的创新创业教育教师队伍;⑮ 健全教师创新创业教育培训制度;⑯ 提供大学生创新创业资金保障。而扬州大学创新创业实验班基本采用了"书院制"的培养模式,其创新创业学院公告和学院第一期的招新内容见附件 4。

(3)确定遴选办法。中国矿业大学坚持"将创新创业教育贯穿融入人才培养的全过程"的理念,坚持"全面发展与个性发展相结合"的理念,在创新创业教育工作实践中,不断探索,形成了三项特色鲜明、科学合理的创新创业工作做法,其选拔试点班学生的遴选办法如下(以 2017 年为例)。

在遴选对象上,全校全日制普通本科一、二、三年级和研究生一、二年级(不含专业硕士学位二年级)学生;选拔人数:若干名。

在遴选条件上,创业班学员应是具有创新意识、开拓精神、创业意向,并具有突出培养潜质的学生。具体要求是:第一,思想积极进步,品行端正,尊敬师长,团结同学,关心集体,具有良好的心理素质、意志品质和适应能力;第二,具有强烈的创业意识和创业潜质,对创业实践有浓厚的兴趣;具有创业经历或较好创业项目者优先;第三,学有余力,并具有较强的毅力,能坚持完成创业班相关培养计划;第四,身心健康。

在遴选流程上:第一,个人申请。学生对照创业班学员选拔标准填写《中国矿业大学 2017 年创业班学员报名申请表》自愿报名。第二,学院推荐。各学院对照创业班学员选拔标准对申请的学生进行初步遴选推荐。完成《中国矿业大学 2017 年创业班学员推荐汇总表》,同《中国矿业大学 2017 年创业班学员报名申请表》纸质材料一起报送学生处学生创业教育与发展指导办公室,同时将汇总表电子版材料发送至邮箱。第三,创业教育学院初审。创业教育学院办公室审核各学院推荐学生名单及相关资料,公布进入创业班学员选拔测试学生名单。第四,测试及面试。测试和面试是对申请者的创新创业综合素质进行检测,其中,测试成绩占 30%,面试成绩占 70%,根据两项成绩综合择优录取,目前已有创业项目的同学优先考虑录取。第五,创业教育学院审批。经测试和面试后拟录取的创业班学员名单通过创业教育学院教学委员会审核,公示三天无异议后公布。

在培养周期上,每期培养时间为一年半。

在条件保障上,一是优质的教学资源。课程纳入全校性通识选修课进行管理,所得学分可转换为一定的创新创业类选修课学分。聘请教学经验丰富的专业教师讲授,采用小班授课和研讨式教学,参加创业模拟实训、创业素质拓展等形式多样的实操类项目,全程免费。优秀学员有机会参加学校统一组织的赴海外(境外)学习考察。二是丰富的社会资源。邀请创业成功人士开展沙龙讲座,配备大学生创业导师,联合社会企业为学生提供创业实习,工商、税务、法律等相关部门的咨询指导,组织参加地方创业类活动等。三是优厚的物质保障。创业班学员组成的创业团队,优先进入模拟创业实践园、国家大学科技园孵化;免费提供项目孵化场地和基本办公设施;对完成培养计划相关内容,并考核合格的学员授予中国矿业大学创业教育结业证书。

此外,进入创新创业班需要有一定的个人基础。如肇庆学院"创业精英班"申请表包括十个方面的内容,它们可以分为五个方面:一是个人信息,表明申请者的学习现状及相关信息。二是个人经历,包括受教育背景、社会实习实践经历、参加比赛等情况,这是考察拟入选者的知识基础和经验基础。三是个人能力,包括语言表达能力、学术能力等个人综合能力。四是个人兴趣,个人兴趣是培养具有创新创业能力者的重要基础,包括个人成长过程中关注的方面以及对某一个方面所具备的策划水平,它是进入创新创业班学习者能否适应和进一步发展的重要方面。五是个人规划,着重考察学习者的规划能力、人生打算和发展方向。见附件 5。

从上面的实例和分析来看,"小班化"教育模式主要是一种精英人才的创新创业教育模式,它通过选拔遴选机制,把有意愿、有想法、有能力的在校生汇聚在创新创业班,提高他们的创新创业能力。

(三)"面向实战"教育模式

该模式偏重一体化、环环相扣、有机互动,最终实现成果孵化。如上海交通大学构建由创业苗圃(前端)—上海市科技创业基金会等(中端)—各类社会风险投资(后端)构成的创业生态体系,全面推动学生创新创业实践。中南财经政法大学以"创业能力孵化"为着力点,通过六大板块打造"面向实战"的特色人才培养模式。东北大学创业学院设有创业种子基地、创业实训基地和孵化基地,通过五位一体化,对项目孵化、创业技能等各方面进行能力培养。山东理工大学的创新创业学院建立和规范入驻筛选机制、孵化培育机制、市场推广机制和监管反馈机制,全程跟踪指导,争取到 2020 年形成"苗圃—孵化器—加速器"三级创业孵化链。安徽工业大学创新教育学院以培养学生的"精""巧""活""化""和"为目的,以第二课堂科技活动为重点,以专利申请为抓手,以创新实践基地为依托,探索应用型拔尖创新人才培养模式。这类教育模式更偏向于孵化园式的培养模式,其最终目的是实现项目的成果转化,促使创业带动就业。

(四)"分段式"教育模式

以南京中医药大学创新创业创意学院为典型代表。模块的内容对应了该校"三创"教育理念,层层递进,分段式培养。如南京中医药大学"三创"学院主要利用第二课堂平台,以理论储备、项目调研与技能训练、标杆企业考察、项目孵化等为主要内容;采用先进的教学方法实行创新模块、创业模块以及创意模块的三段式培养。创新模块着重加强对学员的理论教学和实践环节培训;创业模块着重创业前期准备、企业管理与运营的培训;创意模块包含了文化艺术和设计思维、设计技巧训练等。

三、课程体系

课程是对高校学生进行创新创业教育的主渠道。创新创业教育课程是院校开展创新创业教育工作的重要载体。各校根据人才培养的目标定位以及创新创业的目标要求,结合自身的发展方向,均加强对创新创业教育课程体系的建设。清华大学在 1997 年最先在管理学院为 MBA 开设创新与创业管理课程,部分高校开始进行探索与实践,大多设置了一些面向全校的通识类课程,或以讲座(报告)的形式呈现。2012 年教育部办公厅印发的《普通本科学校创业教育教学基本要求(试行)》中就明确规定"创业基础"是面向全体高校学生开展创业教育的核心课程,并要求纳入学校教学计划,不少于 32 学时、不低于 2 学分。同时对"创业基础"这门课程的教学大纲做了统一规划,又对高校设置创新创业教育课程、学分管理做了相关规定和说明。

对全国高校建立的创新创业教育课程进行归纳总结发现,普遍实行以必修课、选修课、在线开放课程以及实践教育课程为主体的多层次、立体化、"广谱式"的创新创业教育课程体系。笔者选取六所高校对课程的具体情况进行进一步说明,见表 3-6。

表 3-6　六所高校设置创新创业教育课程情况

高校名称	课程名称	课程形式
上海交通大学	一是开设创新思维与现代设计、创业基础等创新与创业通识核心课;二是开设创业机会识别等创新与创业公选课;三是开设创新方法(TRIZ)慕课等	必修课/选修课/慕课
中国政法大学	近 30 门通识选修课程。课程学分设定为 2 学分/门。创新创业类通识课程要求学生至少修 4 学分。同时,在课外实践教学体系中设置专门的创新创业实践学分,分为国际学分 2 学分、公益学分 2 学分以及创新学分 2 学分,要求学生至少修 2 学分	选修课/实践教育课程
中山大学	开设必修课和选修课;在公共必修课领域,就业创业指导课程增加为 2 学分,36 学时;在公共选修课领域,目前已面向全校开设了创业教育类通识课程,包括创业基础、商业计划书撰写与项目策划、新创企业法律专题、税务筹划与新创企业经营等多门创新创业类通识教育课,并将加大建设力度,设立创新创业核心通识独立模块	必修课/选修课
中国矿业大学	设置了创新创业教育与实践、创造学、管理学、学科前沿讲座等各类必修课和选修课 212 门次。在此基础上,学校还积极建设和引进创新创业优秀网络视频课程	选修课/必修课/网络视频课程
浙江大学	开设创业教育、创业与创新基础、技术创新创业等创新创业相关课程 30 余门,占通识课程的 15%。开设"创新与创业管理强化班(ITP)"辅修专业(竺可桢学院和管理学院)	必修课/选修课
浙江理工大学	必修课主要包括:面向全校大一学生开展大学生生涯规划教育;面向全校二年级学生开设创业基础课程;面向大三学生开设职业发展与就业指导课程,设专门章节讲授创业实践技能和开展形式多样的技能训练。选修课主要包括创造学基础、KAB 创业基础、创业实训、创业教育、女性创业、企业营销与媒介策划、财务管理、企业管理及法律基础等系列创业素质类教育通识选修课,规定每位学生需修满一定的学分方可毕业	选修课/必修课

资料来源:根据各高校官方网站及其人才培养方案整理而成。

从表 3-6 中可以看出,必修课、选修课是各个高校普遍采取的形式。部分高校也注重在线开放课程的开发和使用,促进创新创业课程的普及化和有效性。课程的设置大致可以分为理论模块和实践模块。理论模块注重学生知识的积累和对各个环节的掌握,实践模块注重实训和模拟。整个课程体系面向全校学生,对学分的要求也不断加强。如中山大学在公共必修课领域,将原来的就业指导课程(1 学分,18 学时)提升为就业创业指导课程(2 学分,36 学时)。中国政法大学创新创业类通识课程要求学生至少修 4 学分(2 学分 / 门),课外实践教学要求至少修 2 学分(2 学分 / 门)。西南交通大学第二课堂设置"学术科技与创新创业"模块,要求本科生必修 2 ~ 6 个创新创业学分。浙江大学创新创业相关课程共占通识课程的 15%。四川文理学院专门开设创新思维训练、创业精神与实践、创新创业新执行力等创业类公选课,在人才培养方案中明确要求全体学生必须选修两门与本专业相关的创新创业类教育课程。华东理工大学虽未设立创新创业学院,但该校高度重视创新创业教育并结合学校实践采取了一系列措施,如创新创业教育通识课程新增选课窗口 500 人,包含创新创业培养要素的课程学分占比不低于 15%,且逐步增加到 30%。

许多高校的创新创业学院在课程建设方面都有自己的特色和重点。如上海交通大学创业学院形成"面上覆盖、点上突破"的分层教育模式,通过开设数十门创业教育通识课,使全校同学得到创新创业氛围的熏陶、感染和洗礼,营造了良好的环境。上海交通大学开设了包括创新与创业大讲堂、创新思维与现代设计、设计创新的艺术、图形创意设计、哲学智慧与创新思维、神话与创新等有特色的创新创业课程,它们具有通识与专业特点,大部分课程针对全校学生开设,少部分课程针对有某个专业背景的学生开设。其课程主要分为三类。

一是思维类课程。着力于学生思维的拓展课程和训练,帮助学生打开思路,形成较强的思维能力。如哲学智慧与创新思维课程,它是一门面向全校同学开设的通识教育课程。该课程坚持通识教育的基本理念,以哲学所具有的"智慧"本色为切入点,紧密结合国内外、包括上海交通大学的实际,揭示创新活动中所包含的深邃的哲学意蕴,以及哲学在创新活动中的珍贵价值,进而在实施"知识探究—能力培养—人格养成"的"三位一体"培养实践中,力求对加强和推进全面发展的创新人才培养起到一定的积极作用。通过本课程的学习,使学生了解古今中外哲学演进过程中时时显现的智慧光辉,掌握创新思维的基本要素,通过参与收集、解析经典案例的实践活动,进而逐步成为有一定哲学素养、学会思考、具有创新意识的高素质人才。①

艺术、媒介与创造性思维课程基于跨文化与交叉学科的视角,重点介绍、分析和研究有关人类艺术发展过程中的艺术、媒介、创造性思维,以及艺术与科学的相互关系。该课程从理论阐述和详尽的案例分析两方面对"新媒体艺术"进行深入研究与介绍,在对"新媒体艺术"立论的基础之上,进而对其发展的历史途径进行梳理,并深入剖析现代艺术诸多流派对其的影响。与此同时,将交互设计、人机交互技术以及数字技术作为"新媒体艺术"的重要形态特征及技术支撑来予以深入阐述和介绍,并对相应的作品进行案例解析。目的是通过具体的理论阐述和详尽的案例讲解使学生了解信息化时代艺术的基本特征,以及创造性思维在艺术创作中的重大意义。

课程神话与创意以神话研究理论与创意实践为基础,从神话与创意经济理论、既有可利用神话资源进行文化产业创意的成功案例、结合专业进行创意设计初体验三大板块入手,深入人类表述自我的符号层面,来探究文化资本和"创意产业"的学术根脉与实践可能,为中国符号经济和文化创意产业提供一些新视角。拓宽学生知识视野,培养学生的人文情怀、跨学科思维能力与创新能力,引导学生关注当下的社会热点,积极参与国际前沿问题和热点问题的讨论、反思和重新建设的实践活动。

二是方法类课程。通过创业者亲身经历的现身说法、知识在实践中的运用等培养学生的创新创业兴趣,并使其掌握一定的创新创业实用方法。如创新与创业大讲堂,是面向全校同学开设的创新创业教育课程,于2007年秋季学期开始,每学期都开设。该课程以讲座的形式,通过邀请著名的企业家、投资家、创业者,以及创业管理领域的专家学者演讲,从创业精神、创业者特质、创业历程、特定行业创业经验、创业政策解读等众多领域,从不同的视角向学生呈现不同的行业创业者的心路历程,揭示出睿智的创业智慧,提出精辟的创业语录。自开设讲堂以来,已有90多位嘉宾做客大讲堂。他们中间有叱咤风云的创业者,如柳传志、王石、李开复、俞敏洪、孙丕恕;也有创业成功的杰出校友,如沈南鹏、季琦、吴炯、杨振宇;还有许多新生代创业者,如刘学森、张旭豪、姚欣、王雨豪。这些精彩演讲旨在让同学们接受创新创业氛围的熏陶、感染,收获终生受用的创新意识和企业家精神,使"创新成为凝结在交大学子血液中的一种精神,创业成为交大学子生

---

① 课程网站:http://cc.sjtu.edu.cn/G2S/Template/View.aspx？ action= view&courseType=1& courseId=7525& ZZWLOOKINGFOR=G.

命中一种力量"。

课程创新思维与现代设计面向全校低年级（一、二年级）本科生,旨在系统学习专业知识之前就建立起对于现代设计的基本认识,并得到创新思维能力的培养。课程主要内容包括:设计中创新思维的概念、理论及方法,并辅助以实例;课程会涉及产品和服务的设计,但是要淡化产品,因为设计不仅仅是设计产品。课程强调互动,重视在"做中学",并辅导学生完成一个从需求分析到创意,从创意到概念设计,从概念设计到方案实施的设计全过程的作业,达到在设计中创新思维训练的目的。[①]

课程图形创意设计是针对非艺术设计的理工科专业学生的本科运用欣赏课程,也可作为自然科学类通识课程。着重从艺术方面解决当代图形设计问题的视觉沟通设计,提高学生与日常环境相关的视觉感受和视觉灵敏度,培养发展创造性手法的相关能力,诸如构图、联想、想象、形式抽象与分析、形与色的节奏安排、形状语义学。通过这方面的培养,使学生具备一定的创造性表现的能力,为专业课程的学习提供良好的创造性思维的方法。[②]

课程工程技术探究由概论、计算机组网实践、工业机器人操作与应用、伺服技术在机电一体化中的应用、三维测量技术、快速成型技术、变频技术、斯特林引擎创新设计、人机界面与 PLC 可视化控制、凌阳语音单片机技术应用、单片机技术应用、智能服务机器人探究、小型无人直升机导论、从构思到实物的完整过程等项目组成,每个项目 4 学时。此课程由工程训练中心开设的先进技术项目和各学院的科研成果项目组成,可供 1 ～ 3 年级的学生按兴趣选修。开设此课的目的在于促进教学与科研紧密结合,挖掘实验室的科研资源,促进实验室向本科生开放,让更多的本科生尽早进入更高层次的实验室。通过该课程的学习,扩大学生的工程视野和工程知识面,培养学习兴趣,学习科研方法,培养创新意识。[③]

三是运用类课程。通过将不同学科知识在不同领域运用呈现,激发学生对现实的思考,设法将知识与实践紧密结合,体现"做中学"的课程教学范式。如课程"设计创新的艺术",是针对对设计创新感兴趣的学生的本科通识教育课程。

---

① 课程网站:http://cc. sjtu. edu. cn/G2S/Template/View. aspxcourseId= 6677&topMenuId=34184& action= view&type=&name=&menuType=1.

② 课程网站:http://cc. sjtu. edu. cn/G2S/Template/View. aspx？ action= view&courseType=1& courseId=7055 &ZZWLOOKINGFOR=G.

③ 课程网站:http://cc. sjtu. edu. cn/G2S/Template/View. aspx？ action= view&course Type=1&courseId=6800 &ZZWLOOKINGFOR=G.

其以培养"以人为中心的设计思考 Design Thinking"理念,驱动创新和成长:像设计师一样思考,通过精准的观察力,洞悉如何使用空间以及占据这些空间的对象和服务。理解科技为人服务,设计驱动技术的商品化。技术生活化,服务人的日常生活;技术人性化,能用,更需要好用;科技商品化,设计驱动的创新完成科技由纯技术到商品的转化。学会商业和设计的整合理念。通过可行的商业战略结合有计划的设计规划将设计研究结果转化成消费者的价值、市场产品和服务机会。①

　　课程工程实践与科技创新 I 是面向全校本科生开设的通选课程,以动手实践为主要形式。本课程适合于理工科一、二年级本科生入门教育,也适合于电子电气信息类各专业的本科生。该课程的主要任务是通过工程性、功能性和趣味性相结合的实践研究与系统设计等实践环节,使学生了解和认识理论与实践的问题、软件与硬件相结合的问题、工程教育的问题、多学科和综合的问题等,培养学生主动思考、自主学习、主动实践和独立解决工程问题的研究能力和创新的意识,形成理论联系实际的工程观点,培养实验研究能力和科学归纳能力等。

　　课程商业模式设计与创新面向全校对商业模式设计感兴趣的同学开设。课程内容主要包括商业模式的基本概念和分析工具、商业模式的设计原理和方法、商业模式的类型、建立商业模式的策略、商业模式的设计流程。课程理论与实践紧密结合,目的是使学生系统掌握商业模式的设计与评价。

　　课程创业机会识别面向全校对创业有兴趣的同学开设。课程内容主要包括:创业机会识别的流程要点、创新思维方式、风险控制方法,特别是低风险高收益创业机会的识别方法;结合互联网思维改变制造业与服务业的众多创业案例,总结成功经验与失败教训,探讨未来三年内的创业机会。课程目的是使学生系统掌握创业机会识别的理论方法,并能学以致用,指导自己的创新创业实践。

　　课程创业领导力面向全校有意愿创业的同学开设。课程内容主要包括:创业与领导力、创业与团队管理、心理能量与创业、意志与创业、人际交往能力与创业、信仰与创业。课程目的是培养学生的创业激情、自信心、意志力、灵活性。

　　课程风险资本与创业面向全校有意愿创业融资的同学开设。课程内容主要包括:风险投资概念,风险投资的决策、天使投资类型、特征以及所依赖的制度环境,科技金融与创业。课程目的是使学生系统了解创业过程中不同金融支持工

---

① 课程网站:http://cc.sjtu.edu.cn/G2S/Template/View.aspx？action=view&courseType=1&courseId=7435 &ZZWLOOKINGFOR=G.

具的特征。①

南京大学基于硅谷创业精英所推动的科技创业思维与方法论——精益创业而制定了大学生创新创业课程。该课程旨在让有兴趣创业的大学生们亲身体验创建一个具有远景公司的历程。主要采用实践重于理论的"翻转课堂"的教学模式,分为以下四个模块:第一个模块为创业导论,主要包括创新与创业概念、商业模式与顾客挖掘概念、公开演示技巧、创业者分享等。第二个模块为方案框架制作,包括商业/精益画布制作、顾客挖掘艺术、方案开发、天使投资者分享等。第三个模块为方案评估,包括评估概念与指标、客户生命周期验证、产品/市场匹配程度评估、创业者分享、学习报告等。第四个模块是商规与政策,包括企业参观与对话、商业道德与智慧产权、政府政策解读、商业计划书简介等。

在实际的专业课程设置中,从课程的广度来看,专业课程、设计、实践类课程数量均越来越多。从课程的深度来看,通过设立创新创业核心通识独立模块等形式丰富课程内容。同时,课程的具体内容更加结合高校的目标定位、人才培养方向,充分利用地理、资源、师资等优势,充分重视学生的个性化发展、高校的人才培养目标以及一流大学建设的奋斗目标,形成了"一体多元"的课程体系特点。以浙江工商大学为例,该校以第一课堂的创业系列课程为"一体";"多元"包括第二课堂的创新创业竞赛与项目整合,第三课堂的创业实践、实习基地建设,第四课堂的校企、校际合作培养,以及第五课堂的创业教育社区平台构建。这也是"全链条""一体化"特点的充分体现。从各学校课程体系设置情况看,主要有"三创"课程体系、"通识教育+专业教育+创新创业"相融合的课程体系、"3+X"课程体系、"互联网+"课程体系四类。

(一)"三创"课程体系

以复旦大学为典型代表。设立创新创意创业专项教育课程,面向低年级本科生,课程内容聚焦学科发展过程中的创新或突破对相关行业的发展带来的重大影响以及学科发展脉络和国际学术前沿等,该专项课程纳入学分管理。依托该校多学科优势,建设跨学科的创新创意创业学程课程。该课程体系层次丰富、结构合理,学生完成修读后授予学程证书。以创新创业学院为平台开设"创新创意创业大讲堂",聘请科学界、企业界和创新创业领域的杰出人士进行讲授。复

---

① 上海交通大学创业学院官方网站创新创业课程简介 [EB/OL]. http://chuangye.sjtu.edu.cn/index.php？m=Education&a=index&alias=education_theory.

旦大学与美国加州大学系统、哈佛上海书院、新加坡管理大学以及瑞典、芬兰、丹麦、挪威等北欧国家的顶尖高校有着长期良好的合作关系,借鉴它们的丰富经验和资源,引进海外高校创新创意创业优质课程资源,更有利于拓宽大学生的国际视野,提高创新创业能力。

(二)"通识教育+专业教育+创新创业"相融合的课程体系

最典型的代表是黑龙江大学。面向全校学生,开设职业生涯规划与就业指导类、创造学与创新思维训练类、经济发展与社会治理类等八大类通识课程模块,促进通识教育与创新创业教育深度融合。济南大学提出"专业+创新创业"相融合的"双创"教育课程体系。据官方网站数据统计,目前全校本科专业开设融入创新创业教育的专业课程603门,占全校专业课程总数的17.1%。在研讨课、课程设计等方面均体现行业特点,融入创新创业思维和方法,实现了课程的交叉、渗透与融合。广东外语外贸大学打造的"通识+核心+特色"创新创业课程体系也很好地将通识教育、专业教育和创新创业教育相融合。

对这类课程体系进行归纳分析得出,高校在实际工作开展中主要形成了以下三种特色模式:"平台+模块"、多课堂式、"平台+课堂+精英",且均取得了突出成绩。其中第三种模式是第一、二种模式的结合体。

一是"平台+模块"。该类模式的特点是其创新创业课程体系由几类课程平台组成,每一类课程平台下设课程模块,每类课程模块均设置了相应的课程。根据课程特点将课程教学与社会实践、创新创业教育结合。其余各个模块均与应用型人才培养目标紧密结合。以培养创新创业型人才为目标,以系统化的指导课程为基础,让创新创业精神贯穿人才培养的全过程,将创新创业教育纳入应用型人才培养方案,规定相对应的学分和标准,促进第一课堂、第二课堂与第三课堂的有机融合,从而构建"素质教育+专业教育+创新创业教育"的创新创业教育课程体系。

二是多课堂。即第一课堂+第二/三/四……课堂等多课堂的组合。第一课堂主要是创新创业知识的课堂。部分学校将第二/三/四……课堂统称为第二课堂。如聊城大学构建了"平台+项目+团队+实践"的创新创业第二课堂育人体系。常熟理工学院物理与电子工程学院探索出"项目+竞赛+创业"的三合一创新创业实践教学模式。华南农业大学创新创业学院构建了创业苗圃、创业孵化器(创客空间)、创新创业成果展示(电商一条街)环环相扣、紧密衔接的"链条式"创新创业型教育实践体系。

三是"平台＋课堂＋精英"。以浙江财经大学作为典型代表。该校创业学院形成了平台课程、第二课堂以及精英培育的创新创业课程体系。该校将传授专业知识的创业课程、传授专业技能的创业课程、体验性的创业课程以及以商业计划书写作为主的创业课程作为第一课堂；将创业活动周、创业协会、创业俱乐部、讲座、创业计划大赛以及实习作为第二课堂，形成第一课堂教学与第二课堂活动一体化的课程体系。

（三）"3+X"课程体系

以电子科技大学为典型代表，见图3-4。其注重教学、研究与实践，着力打造"学术研究型""创业探索型"以及"创业实践型"人才。面向全校学生开展创新创业的普及教育，同时进行实践教育与孵化教育。在具体的课程实施中，构建"3+X"课程体系，同时以"学术研究型""创业探索型"以及"创业实践型"为方向编撰教材书籍，全面深入开展创新创业教育工作。开设大学生创新与创业能力培养、创新创业基础、企业经营决策模拟、电子设计与创新等创新创业课程10余门，将创新教育融入课程体系。以学分制形式纳入创新人才培养方案中。形成了"创意、创客、创新、创业、创投、创学、创研"七位一体的全方位、一体化的创新创业教育。

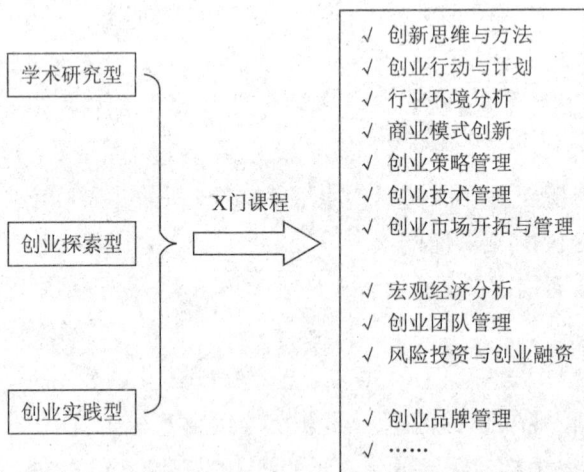

图3-4 电子科技大学创新创业学院"3+X"课程体系图

（四）"互联网＋"课程体系

在高科技飞速发展的时代，课程的设置并不仅仅局限于传统意义的课堂教学,在不断更新教学方式方法的同时,课程的形式也在不断向纵深发展。基于互联网技术和大数据信息技术,并与课程建设、教学、管理等相融合,"互联网+"这种形式越来越受到高校的广泛"追捧"。如南京大学开展的"互联网+"系列计划中就提出了"互联网+课程",建设和利用慕课、翻转课堂、微课等新型网络课程,构建多元的学习模式。据该校官方网站资料显示,2016年9月19日首门创业慕课——走进创业上线,选修人数超过了5000人。由常州市人力资源与社会保障局、共青团常州市委、常州市科教城管理委员会和常州大学联合建设的常州市大学生创新创业学院开设的一系列在线开放课程,如创业绪论、创业领导力、创业计划书、创业商机、创业资源、创业团队、新创企业申办、创业法律政策、创业营销、新创企业运行,在学校官方网站上注册后就可进入系统学习。华南理工大学由教务处、研究生院牵头,加快优质课程信息化建设。该校大力推进MOOC建设,并争取到2020年建设完成面向国际、国内、校内三层次的MOOC课程共100门,建设面向全国受众的企业战略管理、如何成为有效的管理者等一批创新创业在线开放课程,同时建设一批创新创业"微课程"。中国政法大学、天津大学、浙江财经大学等高校均开设了高质量的线上共享课程。

四、办学保障

(一)政策制度保障

创新创业教育工作的稳步推进离不开一系列激励政策和管理制度的出台和实施。

1. 激励政策

高校大多推出了具体的激励政策。以丽水学院为例。在教学与评估方面,该校将部分"大学生创新创业训练计划"项目纳入业绩点计算,在本科教学工程中优先安排教学改革和建设项目;把学生创业成功率和创业质量作为专业评估和教学业绩评价的重要指标。在教师评职称方面,创新创业教育教学研究所专兼职教师在指导学生创新创业和服务科技成果产业化中做出突出成绩的,在职称评审时优先推荐。在学生评奖评优方面,单独设立创新创业系列荣誉,其效用等同于三好学生和优秀学生干部荣誉。武汉理工大学在服务大学生创新创业实践中,采取享受"房租减免政策",这是大多数高校促进产品孵化普遍采用的激励手段。浙江理工大学提供学生生活区24间店面房,用于大学生创业孵化项目,并免收管理费。

2. 管理制度

经统计,绝大多数高校在《深化创新创业教育改革实施方案》中对修改人才培养方案以及改革教学和学籍管理制度做了较为详尽的说明。在修改人才培养方案中明确提出每名学生至少完成必修或选修 2 个学分,并明确提出创新型人才培养目标和创新创业知识、能力、素质的培养要求,建立相关课程与创新创业能力之间的支撑关系,确保达成创新创业能力培养目标。改革教育和学籍管理制度主要包含三个内容:一是建立创新创业学分积累与转换制度;二是建立创新创业档案和成绩单;三是改革学籍管理制度。

创新创业学分积累与转换制度,顾名思义就是将创新创业项目、创新实验、发表论文、获得专利和自主创业等折算成学分(可转化为公共选修或专业选修课学分),将学生参与课题研究、项目实验等活动认定为课堂学习的机制。高校应设置合理的创新创业学分,激发学生创新创业的内生动力。如江南大学出台《江南大学创新创业学分认定办法》,将学生参加学科竞赛、创新实验、获得专利和自主创业等情况折算为创新创业学分。温州大学出台并实施了《温州大学课外教育项目学分管理办法》,建立创新创业学分与专业学分、学生创新创业活动绩效与学分业绩之间的关联,建立创新创业教育学分积累与转换制度;还建立了"课外教育项目学分管理系统",方便学生查询和管理(附件 6)。

建立创新创业档案和成绩单属于人才培养过程管理中最为关键的环节之一,也是个性化培养教学管理制度的重要举措之一。高校应为有意愿、有潜质、有能力的学生制订创新创业能力培养计划,建立创新创业档案和成绩单,客观记录并量化评价学生开展创新创业活动的情况。如北京航空航天大学、中国美术学院等院校制定了个性化的教学人才管理制度,可对创新创业型人才进行跟踪式培养。

改革学籍管理制度是在 2014 年提出并逐步在高校全面实施的。一方面,高校优先支持参与创新创业的学生转入相关专业学习,并且放宽转专业条件限制,部分学生可申请跨一级学科转专业。另一方面,允许学生边学习边创业,或在教育部规定的最长学制范围内休学创业。在其休学创业结束后,优先为其办理复学手续。为此,高校实行弹性学制,放宽学生的修业年限。针对创业的学生,允许休学 1～2 年,在更大程度上允许学生调整学业进程、保留学籍休学创新创业。如南京大学制定专门的管理办法帮助创业实践的学生灵活就学和方便创业,做到学业创业两不误。上海交通大学明确本科生和研究生可有 1～2 年时间休学创业,期间可享受学校的创业教育资源和支撑服务,保证"离开课堂寝室不离开校园创业圈"。

再如北京航空航天大学在《北京航空航天大学深化创新创业教育改革实施方案》中明确了实施弹性学制,改革教学和学籍管理制度。

针对学生的创新创业需求,应修订教学和学籍管理制度,进一步激发学生创新创业内生动力,具体改革措施包括:第一,修订学籍管理办法,对创业学生实施弹性学制。修订本科生、研究生学籍管理办法,对创业学生保留学籍,实施弹性学制。第二,优化转专业方案,构建良好转专业环境。修订学校本科生转专业实施办法,放宽转专业的条件限制,支持参与创新创业的学生转入相关专业学习。第三,设置创新创业学分,激发学生创新创业的内生动力。建立"学生能力素质成长发展记录"系统,建立创新创业档案,设置创新创业学分,建立创新创业学分认定标准。第四,传典型,表彰优秀。建立创新创业人才库,对创新创业突出典型加强宣传;设立面向创新创业激励的奖助学金,制定优秀创新创业学生评价表彰办法,为有贷款需要的创新创业学生个人及团队做好贷款政策解读等服务工作。

(二)经费场地保障

任何一种教育都离不开经费的支持和教学实践场所的充分利用。在经费方面,将创新创业经费纳入学校年度经费预算,同时增加创新创业教育专项经费。修订奖学金管理办法,在国家奖学金、学业奖学金指标体系中融入创新创业内容,设立创新创业奖学金、创新创业基金等。如南京大学设立南京大学创新创业专项教育基金、各类创业类基金和奖励基金。据其官方网站统计,2014—2016年三年里共投入不低于2亿元的专项资金资助学生开展各类"四创"(创意、创新、创造、创业)活动。扬州大学加强对大学生创新创业教育等方面的投入,两年共安排本科生创业教育经费12.8万元、创新工程经费110万元,安排研究生创新平台专项经费442万元,为开展就业工作和创新创业教育提供了有力的资金保障。渤海大学每年投入创新创业专项经费300万元,用于学生开放实验、创新实践、竞赛支持、创新实习和创业孵化。四川文理学院2013—2016四年间,对大学生创新创业训练计划的资助额度累计197万元;2017年,学校又划拨85万元专项经费支持师生的创新创业活动。

与此同时,高校还应积极与政府、风险投资机构、企业和校友协调合作,争取各方资源。中国教育发展基金会设立大学生创新创业教育奖励基金,用于奖励对创新创业教育做出贡献的单位。早在2009年,中山大学学校产业集团、科技园正和广东省风险投资集团商定共同出资2000万元设立大学生创业基金,用于资助学校学子自主创业,以创业带动就业。2015年,天津大学与中科招商、海泰投资等发展战略合作,设立总额度超过33亿元人民币的创新创业风险投资基金,作为扶持师生创业的"种子基金",重点支持该校创业团队和项目。通过学校投入、政府、企业、社会机构以及个人等多渠道支持,各个高校建立了各种大学生创新创业教育基金,为高校创新创业教育稳步、持续开展提供了资金上的保障。

在教学实践场地方面,在校内,可以提供固定场地成立创新创业教育教研室,全面计划和落实学校创新创业教育教学和实践活动,给专兼职教师的研究、研讨提供环境和公共性服务。同时加强专业实验室、虚拟仿真实验室的建设,加大实验室的开放力度。在校外,通过与政府、企业合作,整合政、产、学多方创新创业教育资源,构筑创业教育的"发展外围",努力拓宽创新创业教育场地的支持渠道。

(三)宣传引导保障

营造浓厚的创新创业校园文化氛围对于使创新创业教育成为高校、学生、教师的理性共识具有积极的引导作用,高校大力宣传创新创业教育是十分重要且十分必要的。高校各职能部门和各个学院应深刻了解自身在创新创业教育中承担的责任,不断丰富宣传形式,努力营造良好的创新创业环境和氛围,不断激发创新创业者的激情和热情。主要有以下三种途径。

1.建设维护网络平台,发挥教育效果

在信息化高度发展的今天,建立自己的网站是最为直接的宣传手段。相关高校普遍建成创新创业学院网站,用来进行相关信息的发布、教学课程学习等资源的共享。很多学院网站都提供了共享学习平台,加强MOOC平台建设,实现最大程度的资源共享。同时还提供各种优秀教案、专家论坛、网络公开课、各种素材等内容,为教师、学生的教学和教研提供了更为广阔的平台。如华南理工大学由该校创业教育学院牵头,建设网络创业学院,充分发挥网络优势,为学生创新创业提供服务支持。同时加强创业、就业类网站信息融合、资源共享。平台内容涵盖创新创业信息发布、创新创业教育课程学习、创新创业远程实时指导、师生互动交流、创新创业素质网上测评等。同时,高校还充分发挥互联网技术扁平化优势,利用传统媒体和微信、微博等新媒体,如建立微信、微博公众号,发布相关信息,宣传该校在创新创业教育工作中取得的优异成绩,为大学生交流搭建平台。

2. 积极开展各项活动,形成品牌效应

高校积极参加国家级、省级、市级等各项创新创业类比赛,同时开展与专业学习紧密相关的学科竞赛、单科竞赛等活动,大大丰富了学生的第二课堂活动,也激发了学生的创新创业热情和激情。如复旦大学近三年来,组织学生参与"创青春"全国大学生创业比赛和互联网全国大学生创业比赛,荣获金奖三项、银奖两项、铜奖三项。在国家奖学金中列入专项,奖励在创新创业活动竞赛中获奖的学生。同时依托校团委,举办各类创新创业实践活动、科创行动计划、校内外各类创业竞赛等,形成了科创品牌。积极组织高层次的学术沙龙或专题报告会,邀请创业成功人士、创业导师、企业家校友等分享他们的创业经历,与同学共同探讨创业问题,为大学生提供了咨询、指导的平台。聊城大学打造"创新·创业·就业大讲堂"文化品牌,学校每学期至少举行 10 场专题报告会。校园文化艺术节是体现该校精神的校园文化特色活动,为学校培育了一批具有创新创业文化特色的品牌项目。如浙江大学的"勤创节"等多个校内品牌活动,营造了文化涵育与品牌活动相依托的创业文化氛围。华中师范大学每年举办"教学节",表彰那些在创新创业教育活动中取得优异成绩的师生,听他们分享创新创业经验,使教师、学生在思路和行动上都得到了激励,使学生的创新创业意识和能力都得到了很明显的提高。

3. 编印发行杂志手册,提升内涵效用

任何教育的传承和发扬都离不开书籍的整理、编纂,高校除了加强创新创业教育教材的建设,还可通过编制发行一些杂志、手册、研讨集、资料汇编等,使创新创业教育研究向内涵发展。复旦大学编制了《学生创新创业指导手册》,该手册包含资源篇、准备篇、初创篇、成长篇四个部分,旨在提高我校学生创新创业的意识和积极性。为了让打算创业的学生更好地了解政策,走好创业的第一步,湖南大学等高校也相继编制了《学生创新创业指导手册》。浙江大学组建了《创业浙大》编辑部,传播创新创业知识、分享创业成功经历、共同探讨创业的相关问题。重庆工商大学编辑发行了《经管实验创新论坛》《CTBU 大学生创业论坛》等杂志以及一些相关专题的研讨论文集,为今后学者系统化的研究提供了科学的依据。

第四章

高校创新创业学院发展的问题与对策

第一节 问题审视

创新创业学院的产生和发展受到多种因素的影响,在实际的具体办学操作中存在着许多急需解决的问题,影响着人才培养的实际效果和创新创业学院的健康发展。本章旨在研究我国本科院校中创新创业学院发展的整体情况和特点,故笔者在此仅就创新创业学院发展中的普遍性问题予以总结。

一、整体发展缺乏平稳性

创新创业学院作为一种新兴的高校内部二级单位组织机构,从 2002 年产生到 2015 年之前,一直处于零星的,缺乏体系化、整体性的状态。2015 年、2016 年又经历了不太正常的两年"爆发期",各个院校相继设立创新创业学院开展相关工作,对师资等带来了巨大的挑战。而教育部、国务院发布的重要文件也大多集中在这两年,创新创业学院的整体建设也基本按照文件的战略部署要求。由此可以看出,创新创业学院的设立基本上是紧扣国家政策的,是国家顶层设计的产物。

但是对国家政策的具体落实不仅需要高校对文件精髓的领悟,更需要依据高校、地区情况"随机应变",这也使得一些高校在无经验的情况下"盲目模仿"或"胡乱执行",导致实际效果"收效甚微"。再看创新创业学院的内部治理和管理,主要还是依靠全校的共同努力,包括教务处、学工部(处)、团委、就业招生工作处、普通二级学院等。这种特殊的"虚实结合"的机构状态使得创新创业学院在实际工作开展中遇到了不同程度的阻碍。在多个单位和相关部门错综复杂的管理和领导下,创新创业学院又当如何自处? 笔者认为最重要的还是要在国家的大力支持下,制定相应的制度政策,学校工作的侧重点和推动力才会偏向于创新创业学院,学院的各项工作才能顺利进行。就目前研究来看,离开了政府的政策和制度保障,创新创业学院的发展便会停滞不前,甚至不了了之。当然,创新创业学院要想长足、健康地发展下去,首先必须要完善自身。那么如何提高政府、社会、企业的关注度和扶持力度,促进创新创业学院稳定、持续性发展是我们首先需要思考和解决的问题。

二、人才培养缺乏体系化

首先,高校设立创新创业学院的初衷就是为了更好地培养创新创业型人才,更有效地开展创新创业教育各项工作。但在具体实施过程中,由于对创新创业型人才培养的"观念曲解",思想认识还没有完全到位,一部分高校认为创新创业学院的设立仅仅是为了更好地培养企业家,因此,在课程设置、人才培养方案等内容上没有形成体系化,在自身发展中并未意识到创新创业学院"育人"的重要性,而仅侧重于企业家精神、管理、决策、创新等内容,或仅通过孵化园、基地等为大学生创业提供各种帮助和扶持,更有甚者仅仅为了创造更多的就业岗位以缓解社会的就业压力。这在一定程度上反映出高校没有明确定位创新创业教育的价值,同时,也没有厘清高校与社会、企业的职能区别。

其次,高校用少数人的成功创业经历或典型案例片面评价创新创业教育的实施效果,"以偏概全"的错误宣传忽略了实际操作中对全体学生创新意识和创业能力的培养,创新创业教育建设与实践改革也未做到全覆盖、全员化和全程化。尽管开设了与创新创业教育相关的一系列课程,但并没有根据学校的具体实际情况和专业特色形成体系化课程,也未真正与专业教育有效地融合,课程共享的途径和渠道尚未有效建立。部分院校片面追求数量,而专业化教师不足、学生覆盖面窄、教学效果和作用甚微等实质性问题并未得到真正地重视和改善,因此人才培养质量大打折扣。

三、校内校外缺乏协同性

从创新创业学院的创办过程来看,该类学院的设立离不开政府、企业的大力扶持和保障,在一定程度上也是学校整合校内外各种资源的结果。就目前开展现状来看,全国高校创新创业教育的氛围才刚刚形成,各省各高校对于开展创新创业的政策支持和服务平台建设刚建立,尚未在行业内或区域内形成资源互补和良性互动,发展的合力也较为薄弱。`[①] 创新创业教育不仅涉及学校内部的课程教学、实践活动、校园文化建设等内容,还需要国家政策、企事业单位等多个主体的共同配合。[②]

在办学实践中,仍存在着一系列的问题。校内合作中,领导协调、分工负责的工作机制还处于初步探索与磨合之中,组织者和参与者的积极性和热情不足。部分创新创业活动覆盖面较窄,实施效果还未达到较为理想的状态,功利性色彩较为浓厚,观念认识尚不清晰。校校合作中,学校与学校之间尚未形成长期良性的合作互动机制,对项目、资源的共享还未建立一个有效的平台和长效的保障机制。在校企、政校合作中,一些学校学科力量较为薄弱,对理论提升和科学研究重视度不高,缺乏对师资队伍的建设,教材编纂也成果平平,与学生的创业项目未能形成有效的对接,因此无法持续地吸引政府的支持和优质的社会资源。创新创业型人才光靠高校是培养不出来的,必须要依靠政府的支持、与企业的合作,而且需要全方位的合作和共享。如何在有效的合作空间内,建立科学的协调机制,互取所长、互补所短,实现合作共赢是创新创业学院进一步发展的重要课题。

第二节　对策建议

一、健全制度,规范学院管理

"制度"一词含义十分广泛,学者从不同的角度对制度进行定义,虽至今未有一个统一的结论,但根据调查,新制度主义经济学家诺斯对"制度"的理解和定义得到大多数学者的认同。在他看来,"制度通过建立人们交往的稳定结构界定个人的选择集以减少不确定性,即规范个人行为的规则"[③],"制度是对人们相互间的约束,由正式的规则、非正式的约束(自我限定的行为准则)和实施机制这三部分构成"[④]。正式规则又称正式制度,是指政府、国家或统治者等有意识创造的一系列的政治、经济规则及契约等法律法规,也就是"包括政治契约、经济规则,

---

① 赵准胜. 大学生创新创业教育走偏了吗?[N]. 中国教育报,2016-09-13(004).
② 莫诗浦. 大学生创新创业教育的基本原则[N]. 光明日报,2016-07-03(006).
③ 〔美〕道格拉斯·诺斯. 制度变迁的理论[M]. 杭行,译. 上海:上海三联书店,1994:276.
④ 〔美〕道格拉斯·诺斯. 制度变迁的理论[M]. 杭行,译. 上海:上海三联书店,1994:113.

即从宪法、成文法、特殊细则，到个别契约，由人们意识创设的行为规则"[1]。非正式规则是人们在长期实践中无意识形成的，但却形成了世代相传的文化，主要包括价值信念、伦理规范、道德观念、风俗习惯及意识形态等因素。诺斯还特别指出了它的重要性："在人类行为的约束体系中，人们大部分行为空间是由非正式制度约束的，正式规则只是决定行为选择的总体约束中的一小部分。"[2] 实施机制是为了确保上述规则得以执行的相关制度安排，包括实施主体（组织或个人）、实施手段、实施程序等，它是制度安排中的关键一环。因此，在构建创新创业学院制度体系时，应从以规则为核心的正式制度、以意识形态为核心的非正式制度以及以命令—执行为核心的实施机制三个层面加以设计和规划。坚持顶层设计与实际探索相结合，加强由上到下的总体谋划，并做好各项政策的衔接工作。尊重首创精神，及时将创新的成功经验加以提炼。

首先，从国家宏观层面来看。国家的相关政策、措施的出台是高校设立创新创业学院最大的激励和保障。教育部、国务院办公厅出台的相关文件、意见中对高校如何开展创新创业教育提出了越来越具体的指导和规划，并对大学生创业给予了从场地、资金、学制等多方面更为全面的支持和保障。高校通过各种形式贯彻落实相关精神，在全国范围内逐步形成了创新创业教育的热潮。但就整体国家政策来看，还未对创新创业学院的具体运行和实施出台体系化的规范。

其次，从学校精神文化层面来看。高校在设立发展创新创业学院的同时应首先在全校场域内加强理念宣传和观念引导，形成创新创业学院发展意识。从成立的政策背景、建院目标入手，明确学院的定位是什么，也就是"是什么""为什么"的基本问题。这也是创新创业学院最基本、最本质的追求。创新创业学院的发展理念是什么？其基本职能是什么？高校为什么要设立这一学院？从利益相关者的角度出发对政府、社会、高校、教师和学生都有哪些益处？诸如此类本质性的问题，将非正式制度（价值、信念等）建立、内化、固定，使学院拥有持久的生命力和创新活力，也对学院的发展具有积极作用。但是非正式制度的形成也绝非易事，培育创新创业校园文化需要高校长时间的文化沉淀和积累。

最后，从学院具体发展来看。高校根据自身发展优势和特点制定了明确的规章制度和具体细则，保障了创新创业学院的根本发展。一是将创新创业学院

---

① 袁庆明. 新制度经济学 [M]. 北京：中国发展出版社，2005：243.

② 〔美〕道格拉斯·诺斯. 制度、制度变迁与经济绩效 [M]. 杭行，译. 上海：上海三联书店，1994：49.

的发展纳入学校总体发展规划中。创新创业学院的设立是学校基于内外部环境做出的战略选择,是有利于学校长期发展的重大举措。为了确保其不受到学校内部改革的较大影响,纳入学校总体发展规划有利于确保创新创业学院的总体发展方向的稳定和多种目标的实现。二是制定创新创业学院发展相关条例。如高校修改人才培养方案,完善学分制,实施灵活的学习制度,合理规划各个部门的工作。通过制度化的条例,将各部门的职责分工、学院的人才培养和未来发展规划等明确化、合法化。但创新创业学院不同于普通的二级学院,还需要根据实际情况进行及时调整和创新,这对高校和学院的发展又将是一次巨大的挑战。

二、完善体系,实现全面发展

创新创业学院是高校全面深化创新创业教育改革的一个重要平台。在有限的空间和资源下,通过哪些措施可以将创新创业教育贯穿于人才培养的全过程呢? 笔者认为应从学科专业动态调整机制、课程体系、师资队伍、实践平台、活动等多方面共同构建创新创业型人才培养体系,实现全过程的创新人才培养机制创新。

《国家中长期教育改革和发展规划纲要(2010—2020 年)》中明确提出:"高等学校按照国家法律法规和宏观政策,自主开展教学活动、科学研究、技术开发和社会服务,自主设置和调整学科、专业,自主制定学校规划并组织实施。"这给高校自主开展专业建设提出了政策引导。对高校来说,学科有着极其重要的地位和作用,正如伯顿·R·克拉克所说:"学科明显是一种联结化学家与化学家、心理学家与心理学家、历史学家与历史学家的专门化组织方式。"[①] 专业也同样如此,通过知识领域实现专门化。因此,创新创业学院的发展,最根本的还是要以教育部的政策为依据,以市场需求为导向,主动建立健全学科专业动态调整机制,根据生源质量、人才培养质量、就业质量等基础数据,建立专业预警和优化机制并严格执行,从根本上促进学科(专业)建设内涵式健康发展,提高人才培养的质量和大学生的社会适应能力。

课程是复杂和多样的,课程是人才培养的主渠道和重要载体。目前在课程体系建设方面,各高校就教育理念、教育模式等办学特色形成了侧重点各不相同的创新创业教育课程体系,培养的人才质量和教育的效果也不尽相同,还有很多

---

① 〔美〕伯顿·克拉克. 高等教育系统——学术组织的跨国研究 [M]. 王承绪,等,译. 杭州:
浙江教育出版社,1994:33-35.

有待进一步完善的地方。首先,在育人模式方面。由于种种限制,育人模式方面还未进行有效的创新和融合,育人效果也有待进一步提高。应坚持理论与实践、课堂和课外、教师引导和自我约束相结合的全面育人模式。其次,在教学模式方面。教学对象的选择、教学的方式在各高校还未取得共识,高校更偏重于所在区域的经济发展需求而忽视了学生的综合能力发展。因此应广泛采用案例分析、沙盘模拟、头脑风暴等实践性的教学方法,进一步开展启发式、互动式、翻转式、项目式的教学,并适当扩大小班化教学覆盖面。教学形式可开设必修课、选修课,并纳入学分管理,同时加大对慕课、微课、视频公开课等在线课程的研究、开发和运用。最后,在课程内容方面。深度挖掘各类专业课程中的创新创业教育资源,进一步完善、深入融合、有机衔接专业课程体系。可建立专业课程群、课程库来进一步加强课程的开发和共享,推进创新创业教育课程体系构建与实践教育平台的深度融合。在教材选择和编撰方面应充分重视、积极开发一些深受学生欢迎的教材,并在此基础上形成较为成熟的教学手段和教学评估标准。为了鼓励教师、专家等积极参与教材的研发,可将创新创业教育教材列入教材建设总体规划中,纳入优秀教材评审范围。

　　教师是教育最关键的主体之一,创新创业教育的师资队伍也是高校的重点建设内容。国家出台了相关政策对教师队伍建设的原则、职务评聘、绩效考核标准、考核评价等做出了相关的规定。但是从总体来看,高校对师资队伍建设的重视程度和教学、科研的效果还不容乐观。首先,应明确教师准入标准。什么样的教师才能培养社会所需要的人才?是不是只看文凭、只看培训证书就可以?笔者认为应该做到"三能":"能讲课""能指导""能实践"。教师既要具备相关学科的理论知识,同时也要有创业的经验与指导的能力和水平。其次,应增强教师的归属感。由于创新创业教育的各项工作还处于初期探索阶段,各种资源缺乏整合,从事创新创业教育工作的教师数量较少,也缺乏统一的组织协调和管理。因此应该明确自身的职责,适当通过将从事创新创业相关工作作为专业技术职务评聘和绩效考核的重要指标等措施来提高教师投入教学、指导工作的积极性和热情。同时也需要制定相应的规范制度来定期考核、淘汰,以便更好地保障教师队伍的质量和活力。最后,应全面提高教师的专业性、国际性、科学性。可通过 KAB、SYB 等专业讲师资格培训,与名校专家的沟通和到国外交流学习,加强建设创业导师库等高效配置资源,可建立省、校级甚至是国家级的创新创业导师人才库,加强师资队伍的数量、质量建设,切实发挥教师人才库在创新创业教育工作中的重要作用。

　　高校还应强化创新创业实践条件、平台、基础设施等方面的建设,使创新创业成果能够更有效、更直接地服务社会。首先,通过举办多样化的活动大力营造校园创新创业氛围。学校应注重扶持更多学科专业方向的大学生自发组织开设各类科技类社团、创科小组活动等,让更多的学生从进入大学伊始就找到并拓展自己的兴趣和专长。各个学院也应加大对科技创新学术沙龙、交流论坛和主题教育活动的举办力度,提升层次。学校应不断构建完善的创新创业学科竞赛体系,不断扩大竞赛的项目数和参与人数的覆盖面。其次,加大校内学科交叉创新实践平台建设,促进实验教学平台共享。加大专业实验室、虚拟仿真实验室、创业实验室等实验活动场地的开放和资源共享力度,比如建立实验室开放制度、完善实验室人员考核制度,通过信息化、规范化的管理和服务更好地提升创新创业教育的体验式、模拟式的学习效果。高校内部各学院、各专业之间应打破壁垒,积极探索组建满足学生创新创业实践能力需求的学科交叉级创新实践小组平台,以优秀的导师团队、最新的研究课题、权威专家的交流讲座等吸引更多有潜力的大学生参与进来,组建资源共享、良性互动的研究团队。最后,建设一批大学生校外优质基地实践平台,做好创业与就业工作的对接。在政府、社会和高校的共同协作下,努力建好一批大学生校外实训基地,积极推动项目孵化与大学生创新创业。通过为大学生提供场所、资金支持、专业技术指导和扶持,帮助更多敢想、敢做的大学生成功创业、就业。

高校将创新创业教育融入人才培养的全过程,如图 4-1 所示。以制度保障、师资保障、场地保障、经费保障等全方位保障为依托,通过构建"意识培养—知识传授—能力提升—实训孵化—服务社会"的全过程、一体化的创新创业教育体系,使更多的学生"想创业、能创业、创成业、创好业"。

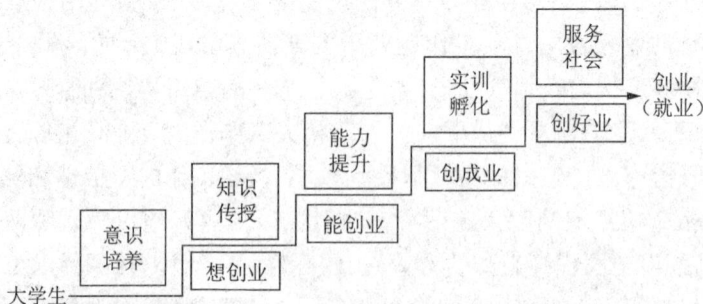

图 4-1　大学生创新创业教育全过程体系图

三、优势互补,共建合作之路

校内的创新创业教育在校领导、各部门组织者、老师、专家和学者的密切关注、大力支持和积极参与下,如火如荼地开展着,在各方面都取得了阶段性的效果。但就总体而言,因为各项工作还处于初级探索阶段,更加需要联合政府、高校、企业及相关科研院所等多方力量,建立合作共赢、"多方联动"的长效机制,如图 4-2 所示。

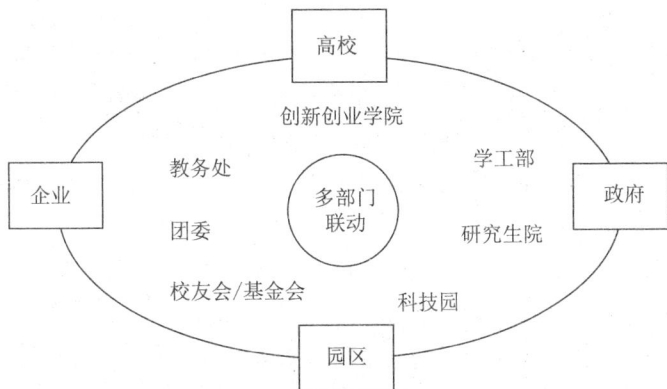

图 4-2　政府、高校、企业、园区等"多方联动"示意图

创新创业教育是大学生全面发展、素质教育的重要一环,"不仅涉及学校内部的课程教学改革、实践活动开展、校园文化建设等诸多内容,而且涉及国家政策、社会环境、企事业单位等多个主体的配合"①。因此,必须充分考虑多主体、多权力协作运行的各种要素间的关系问题以及如何建立科学的协作机制,使各方凝成合力,共同推进创新创业教育的长足发展。

一方面,明确高校的职责。高校始终是大学生创新创业素质教育、能力培养的主要输出阵地,因此高校必须要履行好人才培养的职责使命。在具体的工作中,教务处(开课、选课、互联网+)、学工部(本科生创业就业整合推进)、团委(竞赛、校园文化宣传、品牌活动)、研究生院(研究生创业就业整合推进)、大学生科技园(孵化园、科技成果转化)、校友会/基金会(校友企业、基金资源对接)等相关部门应积极配合创新创业学院的统筹、整合、管理、指导和服务等工作,形成多部门联动机制。同时高校与高校之间应长期合作,建立长效机制。不断拓宽交流合作和共建共享资源平台,不断规范校校之间的课程互修、教师互聘、学生交流的体制机制,重点鼓励、扶持大学生跨校建立创新创业团队,不断提高项目的深度和质量。还应加强科研与教学内容的有效对接,以不断完善的运行机制、更加

① 莫诗浦. 大学生创新创业教育的基本原则 [N]. 光明日报,2016-07-03(006).

广阔的教育前景吸引政府、社会的全面关注和支持。

另一方面,争取企业的支持。高校在不断丰富大学生的专业知识的同时也越来越注重专业技能的培养,但更重要的是要与社会的发展协调起来。其交流合作的重点应是与地方企业在智力资源开发、人才师资流动、实践平台建设等方面,继续扩大合作空间,提高整合资源的效率,优势互补。专业的知识需要依托在高校的系统学习,但是专业技术、创业能力的培养等具体运营技能依靠教师的授课是无法完成的,因此一定要与企业建立密切的合作关系。在与企业、用人单位共建共享之路时,应充分考虑两者的发展方向是否一致,双方共同分析需求,确定人才培养目标,制定培养方案并共同开展培养工作,进行培养效果评价,构建完整的培养体系,形成命运共同体。

最后,加强政府统筹力度。各高校开展创新创业教育工作必须认真解读、全面贯彻国家的教育方针,牢固树立创新创业教育理念,深刻认识创新创业教育改革是国家大众创业、万众创新的重要环节,是高等教育综合改革的重要突破口,更是大学生实现更高层次创业就业的有力保障。因此要加强国家、省级各项创新创业优惠扶持政策的宣传和落实力度,引导大学生了解、熟悉、利用好政策。同时加强对国家、省级大学生创业指导服务专门机构、信息化服务互动平台的建立、完善和监督。以此形成政府统筹、高校引领、社会支持的多主体协作,各司其职、优势互补、协同共进、合作共赢的长效新机制。

参考文献

[1] 高志宏,刘艳. 创新创业教育的理论与实践 [M]. 南京:东南大学出版社,
2012.

[2] 〔美〕亨利·埃兹科维茨. 麻省理工学院与创业科学的兴起 [M]. 王孙禹,
等,译. 北京:清华大学出版社,2007.

[3] 胡仁东. 我国大学学院组织制度变迁研究 [M]. 青岛:中国海洋大学出版
社,2016.

[4] 〔美〕杰弗里·蒂蒙斯,小斯蒂芬·斯皮内利. 创业学 [M]. 周伟民,等,译. 北
京:人民邮电出版社,2005.

[5] 〔美〕约瑟夫·熊彼特. 经济发展理论:对于利润、资本、信贷、利息和经济周
期的考察 [M]. 何畏,等,译. 北京:商务印书馆,1990.

[6] 〔美〕道格拉斯·诺斯. 制度、制度变迁与经济绩效 [M]. 杭行,译. 上海:
上海三联书店,1994.

[7] 〔美〕伯顿·克拉克. 高等教育系统——学术组织的跨国研究 [M]. 王承绪,
等,译. 杭州:浙江教育出版社,1994.

[8] 〔美〕道格拉斯·诺斯. 制度变迁的理论 [M]. 上海:上海三联书店,1994.

[9] 〔美〕约翰·S·布鲁贝克. 高等教育哲学 [M]. 王承绪,等,译. 杭州:浙江
教育出版社,2001.

[10] 〔美〕伯顿·克拉克. 建立创业型大学:组织上转型的途径 [M]. 王承绪,
译. 北京:人民教育出版社,2003.

[11] 彭刚. 创业教育学 [M]. 南京:江苏教育出版社,1995.

[12] 陶行知. 陶行知全集. 第1卷 [C]. 成都:四川教育出版社,2005.

[13] 陶行知. 陶行知全集. 第3卷 [C]. 成都:四川教育出版社,2005.

[14] 陶行知. 陶行知教育名篇 [M]. 北京:教育科学出版社,2005.

[15] 王占仁. 中国创新创业教育史 [M]. 北京:社会科学文献出版社,2016.

[16] 宣勇. 大学组织结构研究 [M]. 北京:高等教育出版社,2005.

[17] 袁庆明. 新制度经济学 [M]. 北京:中国发展出版社,2005.

[18] 中华人民共和国教育部高等教育司. 创业教育在中国:试点与实践 [M]. 北京:高等教育出版社,2006.

[19] 中华人民共和国教育部高等教育司. 高等学校创业教育经验汇编 [M]. 北京:高等教育出版社,2011.

[20] 陈畴镛,方巍. 知识经济时代理工科大学生经济管理素质的培养 [J]. 杭州电子工业学院学报(高等教育研究版),2000(2):46-48.

[21] 陈希. 将创新创业教育贯穿于高校人才培养全过程 [J]. 中国高等教育,2010(12):4-6.

[22] 陈伟忠,张博. 以"创业学院"为载体的高校创新创业人才培养工作的模式、困境与改进 [J]. 高教探索,2017(1):113-115.

[23] "创新教育研究与实验"课题组. 推进创新教育 培养创新人才 [J]. 教育研究,2007(9):16-22.

[24] 陈翠荣. 大学创新教育实施困境的博弈分析 [J]. 中国高教研究,2014(7):81-84.

[25] 陈希. 将创新创业教育贯穿于高校人才培养全过程 [J]. 中国高等教育,2010(12):4-6.

[26] 董世洪,龚山平. 社会参与:构建开放性的大学创新创业教育模式 [J]. 中国高教研究,2010(2):64-65.

[27] 傅方正,陈耀. 构建高校创新创业教育可持续发展模式的思考 [J]. 高等工程教育研究,2008(2):47-50.

[28] 高晓杰,曹胜利. 创新创业教育——培养新时代事业的开拓者 [J]. 中国高教研究,2007(7):91-93.

[29] 胡瑞. 英国大学生创业教育实践路径探析 [J]. 复旦教育论坛,2012(1):83-87.

[30] 黄兆信,王志强. 论高校创业教育与专业教育的融合 [J]. 教育研究,2013(12):59-67.

[31] 胡晓风,姚文忠,金成林. 创业教育简论 [J]. 四川师范大学学报(社会科学版),1989(4):1-8.

[32] 黄侃,刘霄. 以综合性改革实现人才培养模式创新——北京高校人才培养

模式创新实验区建设综述 [J]. 北京教育(高教), 2010(Z1): 99-100.

[33] 季学军. 美国高校创业教育历史演进与经验借鉴 [J]. 黑龙江高教研究, 2007(2): 40-42.

[34] 李家华, 卢旭东. 把创新创业教育融入高校人才培养体系 [J]. 中国高等教育, 2010(12): 9-11.

[35] 谢和平. 以创新创业教育为引导 全面深化教育教学改革 [J]. 中国高教研究, 2017(3): 1-5, 11.

[36] 梅伟惠. 美国高校创业教育模式研究 [J]. 比较教育研究, 2008(5): 52-56.

[37] 邱化民, 呼丽娟. 高校院系开展大学生创新创业教育模式探究——以北京师范大学教育学部为例 [J]. 中国大学生就业, 2015(17): 54-58.

[38] 沈国凤. 高校创新创业教育的"建构式"模式探析 [J]. 中国成人教育, 2016(7): 27-31.

[39] 孙桂生, 刘立国. 创新创业型人才培养的探索与实践——以北京联合大学商务学院为例 [J]. 中国高校科技, 2016(12): 79-81.

[40] 沈东华. 美国高校创业教育课程设置及其启示 [J]. 中国高教研究, 2014(11): 69-72.

[41] 田玉敏. 国外高校创新创业教育的理念、模式与路径 [J]. 中国国情国力, 2016(4): 64-66.

[42] 王占仁. "广谱式"创新创业教育的体系架构与理论价值 [J]. 教育研究, 2015(5): 56-63.

[43] 王占仁. 高校创新创业教育观念变革的整体构想 [J]. 中国高教研究, 2015(7): 75-78.

[44] 游敏惠, 朱方彬, 邓安平. 类型学视野下高校创新创业教育的分层分级分类模式探析 [J]. 重庆邮电大学学报(社会科学版), 2014(5): 139-143.

[45] 袁渭锟, 王满四. 作品导向型: 高校创新创业教育新模式 [J]. 高教探索, 2016(7): 125-128.

[46] 严燕. 学院制的内涵与学院的设置 [J]. 教育研究, 2005(10): 76-79.

[47] 吴玉剑. 高校创新创业教育改革的困境与路径选择 [J]. 教育探索, 2015(11): 63-66.

[48] 赵宇兰, 柳欣. 独立学院创新创业教育人才培养体系研究 [J/OL]. 中国电力教育, 2014(14): 3-4.

[49] 周炳.创新创业教育的路径探析 [J].教育评论,2014(12):12-14.

[50] 王磊.实施创新教育培养创新人才——访中央教育科学研究所所长阎立钦教授 [J].教育研究,1999(7):3-7.

[51] 张平.创业教育:高等教育改革的价值取向 [J].中国高教研究,2002(12):45-46.

[52] 张德江.对创业教育的认识与实践 [J].中国高教研究,2006(5):10-11.

[53] 张庆祝,朱泓,李志义.创新创业教育的时代背景、动力及保障机制探讨 [J].高等工程教育研究,2017(3):162-165,178.

[54] 颜先卓,王志军.高校创业教育的认知偏差 [J].高等工程教育研究,2018(4):175-179.

[55] 王洪才.论创新创业教育的多重意蕴 [J].江苏高教,2018(3):1-5.

[56] 李硕豪,富阳丽,陶威.创业是可教的吗？ [J].中国高教研究,2017(2):9-13.

[57] 胡金焱.创新创业教育:理念、制度与平台 [J].中国高教研究,2018(7):7-11.

[58] 孙新波,张浩,张立志,贾建锋.创业教育的众创式协同教学模式——以东北大学为例 [J].高等工程教育研究,2018(1):165-169,175.

[59] 官仲章,吕一军.新媒体与高校创业教育平台构建 [J].高等工程教育研究,2017(3):166-169.

[60] 李洪修,李哨兵.美国高校创业教育中的中介组织类型与功能分析 [J].中国高教研究,2017(9):80-83.

[61] 王瑛.高校创业教育改革的方式与路径研究 [J].高等工程教育研究,2018(4):180-184.

[62] 张德祥,李洋帆.二级学院治理:大学治理的重要课题 [J].中国高教研究,2017(3):6-11.

[63] 张冰,白华.“高校创新创业教育”概念之辨 [J].高教探索,2014(3):45-82.

[64] 李洪修,马罗丹.美国大学创业课程建设的经验与启示 [J].高等工程教育研究,2017(1):164-168.

[65] 郑娟,孔钢城.利益相关者视角下的 MIT 创业生态系统研究 [J].高等工程教育研究,2017(5):163-168.

[66] 郑刚,梅景瑶,何晓斌.创业教育对大学生创业实践究竟有多大影响——

基于浙江大学国家大学科技园创业企业的实证调查 [J]. 中国高教研究，2017（10）：72-77.

[67] 朱亚宾，朱庆峰，朱杨宝. 基于 SIYB 与 KAB 创业培训模式推进高校创业教育研究 [J]. 高校教育管理，2017（6）：47-52.

[68] 董玉荣. 高校 "SYB+" 创业教育：机制、模式和路径研究 [J]. 高校教育管理，2018（2）：74-79.

[69] 张超，钟周，李纪珍. 大学印记：校友创业者的教育反思——以清华大学为例 [J]. 高等工程教育研究，2018（4）：168-174.

[70] 张彦. 高校创新创业教育的观念辨析与战略思考 [J]. 中国高等教育，2010（23）：45-46.

[71] 张竞，马韵涵，徐雪娇. 三螺旋理论视角下中国创业教育生态系统构建研究——基于美国创业教育生态系统的经验借鉴 [J]. 教育探索，2018（5）：110-113.

[72] 杨军. 高校基本职能视角下的大学生 "工匠精神" 培育 [J]. 江苏高教，2017（11）：81-83.

[73] 徐小洲，倪好，吴静超. 创业教育国际发展趋势与我国创业教育观念转型 [J]. 中国高教研究，2017（4）：92-97.

[74] 付八军. 从创造性人才、创造性教育到创业型大学 [J]. 高校教育管理，2017（4）：71-75，90.

[75] 林成华，谢彦洁，李恒. 众筹理念下高校精准式创业教育课程的生成逻辑与建设策略 [J]. 中国高教研究，2017（9）：105-110.

[76] 任之光，梅红. 双创背景下高校教育教学改革探索研究 [J]. 中国高教研究，2017（1）：86-90.

[77] 张超，钟周. 创业型大学视角下的创业教育研究——清华大学与新加坡国立大学创业教育比较 [J]. 清华大学教育研究，2017（3）：91-97.

[78] 付八军，李炎炎. 创业型大学内涵的溯源性解读 [J]. 高等工程教育研究，2018（3）：165-170.

[79] 林刚，李响. 高校创业型人才培养模式要素解析与转型路向——基于地方综合性大学的分析视角 [J]. 江苏高教，2018（6）：71-74.

[80] 徐小洲，倪好，吴静超. 创业教育国际发展趋势与我国创业教育观念转型 [J]. 中国高教研究，2017（4）：1-3.

[81] 朱家德. 高校创业学院的组织特征分析——基于首批深化创新创业教育

改革示范高校的实证数据 [J]. 中国高教研究, 2017 (11): 49-53.

[82] 周彬彬, 刘允洲, 李庆曾. 农村面临的挑战与选择 [J]. 农业经济问题, 1986 (4): 35-39.

[83] 朱家德, 王佑镁. 高校创业学院的发生学研究 [J]. 高等工程教育研究, 2017 (3): 158-161.

[84] 叶培良, 周素玲. 对高校学生创新创业教育的理性思考 [J]. 教育与职业, 2010 (3): 88-89.

[85] 王丽娟, 高志宏. 论我国创新创业教育理念的创新 [J]. 江苏社会科学, 2012 (5): 237-240.

[86] 王革, 刘乔斐. 高等学校一种新的教育理念 [J]. 中国高教研究, 2009 (9): 56-57.

[87] 相雷. 关于推进高校创新创业教育的思考 [J]. 思想理论教育, 2014 (8): 90-93.

[88] 杨幽红. 创新创业教育理论范式与实践研究 [J]. 中国高校科技, 2011 (6): 75-76.

[89] 燕良轼,〔越〕陈氏字, 邓沁泥. 陶行知创造教育思想精粹 [J]. 大学教育科学, 2017 (4): 89-94.

[90] 王弘扬. 创新创业教育"大阅兵"——记首届中国"互联网+"大学生创新创业大赛 [J]. 中国高等教育, 2015 (21): 42-44.

[91] 文丰安. 地方高校大学生创新创业教育浅谈 [J]. 教育理论与实践, 2011 (15): 12-44.

[92] 陈耀, 傅方正. 构建高校创新创业可持续发展模式的思考 [J]. 高等工程教育研究, 2008 增刊: 47-50.

[93] 唐景莉. "挑战杯"挑战了什么? [N]. 中国教育报, 2000-11-28 (001).

[94] 万钢. 点燃大众创新创业火炬 打造新常态下经济发展新引擎 [N]. 科技日报, 2015-03-27 (001).

[95] 赵准胜. 大学生创新创业教育走偏了吗? [N]. 中国教育报, 2016-09-13 (004).

[96] 莫诗浦. 大学生创新创业教育的基本原则 [N]. 光明日报, 2016-07-03 (006).

[97] 晋浩天. 课堂上能教会创新创业吗 [N]. 光明日报, 2016-02-15 (006).

[98] 刘延东. 深入推进创新创业教育改革 培养大众创业万众创新生力军 [N].

中国教育报,2015-10-26(001).

[99] 柴葳.把创新创业教育贯穿人才培养全过程[N].中国教育报,2015-06-03(001).

[100] 曹胜利.中国高校需要怎样的创新创业教育[N].中国教育报,2010-01-13(005).

[101] 刘希平.以创业学院推动高校创新创业教育[N].中国教育报,2015-10-12(003).

[102] 刘希平.创业学院:高校创新创业教育重要载体[N].中国教育报,2016-02-23(012).

[103] 刘仲林,江瑶.东西方创造教育的比较与前瞻[J].天津师范大学学报(社会科学版),2011(3):56-60.

[104] 华国栋.推进创新教育 培养创新人才[J].教育研究,2007(9):16-22.

[105] 傅振存.何谓创业教育[J].基础教育研究,1999(3):4.

[106] 双传学.创业教育浅探[J].江苏高教,1999(4):78-80.

[107] 屈振辉.我国高校创新创业学院的功能与结构论析[J].继续教育研究,2018(6):34-38.

[108] 和俊民.基于政策分析视角的中国退休政策改革研究[D].武汉:华中科技大学博士学位论文,2018.

[109] 陈振明,张敏.国内政策工具研究新进展:1998—2016[J].江苏行政学院学报,2017(6):109-116.

[110] 黄红华.政策工具理论的兴起及其在中国的发展[J].社会科学,2010(4):13-19.

[111] 汤志伟,龚泽鹏,郭雨晖.基于二维分析框架的中美开放政府数据政策比较研究[J].中国行政管理,2017(7):47-48.

[112] 洪浏,Anne Westhues.社会政策分析的三种取向与社会工作实践[J].中国社会工作研究,2018(1):99-123,177.

[113] 高扬,付冬娟,邵雨.我国创新创业教育政策历史演变、合理性分析及建议[J].创新与创业教育,2015(6):18-22.

[114] 吴立保,吴政,邱章强.我国大学生创新创业政策的变迁逻辑与政策建议——基于历史制度主义的分析[J].阅江学刊,2017(3):89-101.

[115] 刘奕琳.高校主体间性创新创业教育的实现路径分析[J].江苏高教,2017(9):41-44.

[116] Katz J A. The Chronology and Intellectual Trajectory of American Entrepreneurship Education: 1876 – 1999[J]. Journal of Business Venturing, 2003, 18（2）:283–300.

[117] Kauffman. Entrepreneurship in American Higher Education[EB/OL]. http://www. kauffman. org/ uploadedfiles/ entrephighed report.

[118] Kuratko D F. The Emergence of Entrepreneurship Education: Development, Trends, and Challenges[J]. Entrepreneurship Theory and Practice, 2005, 29（5）:577–597.

[119] Binks M. Entrepreneurship Education and Integrative Earning [R]. National Council for Graduate Entrepreneurship, 2005.

[120] McKeown J, Millman C, Reddy S S, et al. Graduate Entrepreneurship Education in the United Kingdom[J]. Education + Training, 2006, 48（8/9）:597–613.

[121] Yilmaz E. Examination of Entrepreneurship From Humanistic Values Perspective[J]. Sociology Mind, 2013, 3（3）:205–209.

[122] Botham R, Mason C. Good Practice in Enterprise Development in UK Higher Education[J]. National Council for Graduate Entrepreneurship, 2007.

[123] Etzkowitz H. The Norms of Entrepreneurial Science: Cognitive Effects of the New University – industry Linkages[J]. Research Policy, 1998, 27（8）:823–833.

附件 1

"挑战杯"中国大学生创业计划竞赛章程 [①]

第一章　总则

第一条　"挑战杯"中国大学生创业计划竞赛是由共青团中央、中国科协、教育部、全国学联主办的大学生课外科技文化活动中一项具有导向性、示范性和群众性的创新创业竞赛活动,每两年举办一届。

第二条　竞赛的宗旨:培养创新意识、启迪创意思维、提升创造能力、造就创业人才。

第三条　竞赛的目的:引导和激励高校学生弘扬时代精神,把握时代脉搏,将所学知识与经济社会发展紧密结合,培养和提高创新、创造、创业的意识和能力,并在此基础上促进高校学生就业创业教育的蓬勃开展,发现和培养一批具有创新思维和创业潜力的优秀人才。

第四条　竞赛的基本方式:高等学校在校学生通过申报商业计划书参赛,有条件的团队可在此基础上进行商业运营实践;聘请专家评定出具备一定操作性、应用性以及良好市场潜力和发展前景的优秀作品,给予奖励;组织作品和成果的交流、展览、转让活动。

在符合竞赛宗旨、具有良好导向的前提下,竞赛可设立专项赛事,具体规则另行制定和颁布。

第二章　组织机构及其职责

第五条　竞赛设立领导小组,由主办单位和承办单位的有关负责人组成,负责指导竞赛活动,并对全国组织委员会和全国评审委员会提交的问题进行协调和裁决。

---

① "挑战杯"官方网站 [EB/OL]. http://www.tiaozhanbei.net/rules2.

第六条 竞赛设立全国组织委员会,由主办单位、承办单位的有关负责人组成。全国组织委员会设主任一至二名,副主任若干名。

第七条 全国组织委员会的职责如下:

1. 审议、修改竞赛章程;

2. 筹集竞赛组织、评审、奖励所需的经费;

3. 确定竞赛承办单位;

4. 议决其他应由组织委员会议决的事项。

第八条 全国组织委员会下设秘书处,负责按照全国组织委员会通过的章程组织竞赛活动并向全国组织委员会报告工作。秘书处设秘书长、副秘书长若干名,由主办单位、承办单位有关负责人担任。

第九条 竞赛设立全国评审委员会,由全国组织委员会聘请各相关领域的专家、学者、企业家、青年创业典型等非高校人士组成。全国评审委员会设主任一名,副主任和评审委员若干名。

全国评审委员会经全国组织委员会批准成立,有权在本章程和评审规则所规定的原则下,独立开展评审工作。

第十条 全国评审委员会职责如下:

1. 在本章程和评审规则基础上制定评审实施细则;

2. 接受对参赛作品资格的质疑投诉并进行判定;

3. 审看参赛作品,与作者进行问辩;

4. 确定参赛作品获奖等次。

第十一条 各省(区、市)、各高校须举办与全国竞赛接轨的届次化的大学生创业计划竞赛。各省(区、市)团委、科协、教育部门、学联联合设立省级组织协调委员会和评审委员会,负责本省(区、市)竞赛的组织协调、参赛作品资格审查和作品初评等有关工作。

第三章 参赛资格与作品申报

第十二条 凡在举办竞赛终审决赛的当年7月1日以前正式注册的全日制非成人教育的各类高等院校在校专科生、本科生、硕士研究生和博士研究生(均不含在职研究生)都可参赛。

第十三条 参加竞赛作品分为已创业(甲类)与未创业(乙类)两类;分为农林、畜牧、食品及相关产业,生物医药、化工技术、环境科学、电子信息、材料、机械能源、服务咨询七组。实行分类、分组申报。

拥有或授权拥有产品或服务,并已在工商、民政等政府部门注册登记为企业、个体工商户、民办非企业单位等组织形式,且法人代表或经营者为符合第十二条规定的在校学生,运营时间在三个月以上(以预赛网络报备时间为截止日期)的项目,可申报已创业类(甲类)。

拥有或授权拥有产品或服务,具有核心团队,具备实施创业的基本条件,但尚未在工商、民政等政府部门注册登记或注册登记时间在三个月以下的项目,可申报未创业类(乙类)。

第十四条 参赛形式:以学校为单位统一申报,以创业团队形式参赛,原则上每个团队人数不超过10人。

对于跨校组队参赛的作品,各成员须事先协商明确作品的申报单位。

对于经授权的发明创造或专利技术,在报名时需提交具有法律效应的发明创造或专利技术所有人的书面授权许可、作品鉴定证书、专利证书等。

对于已注册运营项目的,在报名时需提交相关证明材料(含单位概况、法定代表人情况、营业执照复印件、税务登记证复印件、组织机构代码复印件等材料)。

第十五条 参赛作品涉及下列内容时,必须由申报者提供有关部门的证明材料,否则不予评审。

动植物新品种的发现或培育,须有省级以上农科部门或科研院所开具证明。

对国家保护动植物的研究,须有省级以上林业部门开具证明,证明该项研究的过程中未产生对所研究的动植物繁衍、生长不利的影响。

新药物的研究须有卫生行政部门授权机构或具有同等资质机构的鉴定证明。

医疗卫生研究须通过专家鉴定,并最好附有在公开发行的专业性杂志上发表过的文章。

涉及燃气用具等与人民生命财产安全有关用具的研究,须有国家相应行政部门授权机构的认定证明。

第十六条 每个学校选送参加主体竞赛的作品总数不得超过三件(专项竞赛名额另计),每人(每个团队)限报一件。参赛作品须经过本省(区、市)组织协调委员会进行资格及形式审查和本省(区、市)评审委员会初步评定,方可上报全国组织委员会办公室。各省(区、市)选送全国竞赛的作品数额由主办单位统一确定。

第四章 展览、交流、孵化

第十七条 全国组织委员会将在竞赛决赛阶段组织多种形式的交流、展示活动和适时举办其他活动,丰富"挑战杯"竞赛的内容。

第十八条 全国组织委员会拥有组织转让及孵化获奖作品的优先权。成果产权及利益分配由学校和作者协商确定。全国组织委员会可结集出版竞赛获奖作品及评委评语。

第十九条 在每届竞赛举办期间,全国组织委员会将适时在全国范围遴选确定若干家大学生创业示范园区,并联合园区及风险投资机构举办项目对接和孵化活动,对竞赛中涌现出的优秀作品优先转化。

第二十条 全国组织委员会将适时设立大学生创业基金,加强与有关方面特别是创业投资公司、金融机构等方面的合作,为高校学生通过参与竞赛实现创业提供支持。

第五章 奖励

第二十一条 全国评审委员会对各省(区、市)报送的参赛作品进行复审,评出参赛作品总数的 90% 左右进入决赛。竞赛决赛设金奖、银奖、铜奖,各等次奖分别约占进入决赛作品总数的 10%、20% 和 70%;各组参赛作品获奖比例原则上相同。

全国评审委员会将在复赛、决赛阶段,针对已创业(甲类)与未创业(乙类)两类作品实行相同的评审规则;计算总分时,将视已创业作品的实际运营情况,在其实得总分基础上给予 1%~5% 的加分。

专项赛事单独设置奖项。

第二十二条 参加全国终审决赛的作品,确认资格有效的,由全国组织委员会向作者颁发证书,并视情况给予奖励。参加各省(区、市)预赛的作品,确认资格有效而又未进入全国竞赛的,由各省(区、市)组织协调委员会向作者颁发证书。

第二十三条 竞赛设 20 个左右的省级优秀组织奖和进入决赛高校数 30% 左右的高校优秀组织奖,奖励在竞赛组织工作中表现突出的省份和高校。优秀组织奖的评选主要依据为网络报备作品的数量和进入决赛作品的质量。省级优秀组织奖由主办单位评定,报全国组织委员会确认。高校优秀组织奖由各省(区、市)组织委员会提名,主办单位评定后报全国组织委员会确认。

第二十四条 在符合本章程有关规定的前提下,全国组织委员会可联合社会有关方面设立、评选专项奖。

第六章 附则

第二十五条 竞赛结束后,对获奖作品保留一个月的质疑投诉期。若收到投诉,竞赛领导小组将委托主办单位有关部门进行调查。经调查,如确认该作品资格不符,取消该作品获得的奖励,取消该校、该省所获的优秀组织奖,通报全国组织委员会成员单位;并视情节给予所在学校取消参赛资格或其他处罚。

竞赛组委会保护投诉人的合法权益。

第二十六条 竞赛承办单位有权以全国组织委员会名义寻求赞助。

第二十七条 www.tiaozhanbei.net 为全国"挑战杯"竞赛官方网站,由主办单位和承办单位共同建设。

第二十八条 本章程自全国组织委员会通过之日起生效,由竞赛主办单位及全国组织委员会秘书处负责解释。

"挑战杯"全国大学生课外学术科技作品竞赛章程

(经第十三届"挑战杯"全国大学生课外学术科技作品竞赛组委会第一次全体会议通过)

第一章 总则

第一条 "挑战杯"全国大学生课外学术科技作品竞赛是由共青团中央、中国科协、教育部、全国学联主办的大学生课外学术科技活动中一项具有导向性、示范性和群众性的竞赛活动,每两年举办一届。

第二条 竞赛的宗旨:崇尚科学、追求真知、勤奋学习、锐意创新、迎接挑战。

第三条 竞赛的目的:引导和激励高校学生实事求是、刻苦钻研、勇于创新、多出成果、提高素质,培养学生的创新精神和实践能力,并在此基础上促进高校学生课外学术科技活动的蓬勃开展,发现和培养一批在学术科技上有作为、有潜力的优秀人才。

第四条 竞赛的基本方式:高等学校在校学生申报自然科学类学术论文、哲学社会科学类社会调查报告和学术论文、科技发明制作三类作品参赛;聘请专家评定出具有较高学术理论水平、实际应用价值和创新意义的优秀作品,给予奖励;组织学术交流和科技成果的展览、转让活动。

第二章 组织机构及其职责

第五条 竞赛设立领导小组,由主办单位和承办单位的有关负责人组成,负责指导竞赛活动,并对全国组织委员会和全国评审委员会提交的问题进行协调和裁决。

第六条 竞赛设立全国组织委员会,由主办单位、承办单位和联合发起单位(含高校、新闻单位、相关企业)的有关负责人组成。主办单位和承办单位分别委派有关负责同志作为组委会成员,各联合发起单位推荐1名主管领导作为组委会成员。全国组织委员会设主任、副主任若干名。获得3次"挑战杯"的高校将获得持续担任组委会副主任成员的资格。

第七条 全国组织委员会的职责如下:

1. 审议、修改竞赛的章程。

2. 筹集竞赛组织、评审、奖励所需的经费。

3. 投票表决竞赛承办高校。

4. 议决其他应由组委会议决的事项。

第八条 全国组织委员会下设秘书处,负责按照全国组委会通过的章程组织竞赛活动并向全国组委会报告工作。秘书处设秘书长、副秘书长若干名,由主办单位、承办单位有关领导担任。

第九条 竞赛设立全国评审委员会,由主办单位聘请的相关学科具有高级职称的非高校专家组成。全国评审委员会设主任1名,常务副主任2名,副主任若干名,秘书长1名。

全国评审委员会经主办单位批准成立,有权在本章程和评审规则所规定的原则下,独立开展评审工作。

第十条 全国评审委员会职责如下:

1. 在本章程和评审规则基础上制定评审实施细则。

2. 审看参赛作品及其演示,对作者进行问辩。

3. 确定参赛作品获奖等次。

第十一条 竞赛设立作品资格评判委员会,在全国组委会第二次全体会议召开时成立,由全国评审委员会常务副主任1名、评审委员3名(根据被评判作品学科分布选定)、主办单位各1名代表、全国组织委员会高校委员中抽签产生的10名代表组成。资格评判委员会主任由全国评审委员会常务副主任担任。资格评判委员会会议由资格评判委员会主任负责召集。

第十二条 作品资格评判委员会职责如下：

1. 授权全国组委会秘书处在预审开始至终审决赛结束前接受参赛学校和学生、评委、社会各界人士对参赛作品资格的质疑投诉。

2. 在终审决赛结束前，如出现被质疑投诉作品，资格评判委员会应召开会议，对被质疑投诉的参赛作品的作者及所属学校进行质询。

3. 投票表决被质疑投诉作品是否具备参赛资格。

第十三条 全国组委会秘书处对质疑投诉者的姓名、单位予以保密。质疑投诉者需提供相关证据或明确的线索。资格评判委员会开会时，到会委员超过 2/3 方可进行表决；表决时实行回避制度；若参加表决委员中有 2/3 以上认为该作品不具备参赛资格，则评委会对该作品不予评审，其参赛得分随之取消。全国组委会秘书处不受理匿名质疑投诉。

终审决赛结束后，对作品的质疑投诉继续按本章程第三十二条执行。

第十四条 主办单位根据团体总分优先原则，确定上届竞赛总分前 70 名的学校为联合发起高校，并可根据终审决赛规模、地区平衡、学校类别及代表性、承办地区等因素做部分调整。

第十五条 各省（自治区、直辖市）、各高校应举办与全国竞赛接轨的届次化的学生课外学术科技作品竞赛。各省（自治区、直辖市）团委、科协、教育部门、学联联合设立省级组织协调委员会和评审委员会，负责本省（自治区、直辖市）竞赛的组织协调、参赛作品资格审查和作品初评等有关工作。

第三章 参赛资格与作品申报

第十六条 凡在举办竞赛终审决赛的当年 7 月 1 日以前正式注册的全日制非成人教育的各类高等院校在校专科生、本科生、硕士研究生和博士研究生（均不含在职研究生）都可申报作品参赛。

第十七条 申报参赛的作品必须是距竞赛终审决赛当年 7 月 1 日前两年内完成的学生课外学术科技或社会实践活动成果，可分为个人作品和集体作品。申报个人作品的，申报者必须承担申报作品 60% 以上的研究工作，作品鉴定证书、专利证书及发表的有关作品上的署名均应为第一作者，合作者必须是学生且不得超过 2 人；凡作者超过 3 人的项目或者不超过 3 人，但无法区分第一作者的项目，均须申报集体作品。集体作品的作者必须均为学生。凡有合作者的个人作品或集体作品，均按学历最高的作者划分至本专科生、硕士研究生或博士研究生类进行评审。

增加作品自查环节,申报学校签订承诺书,承诺作品符合"挑战杯"竞赛申报作品的要求,接受竞赛组委会抽查。一旦发现不符合申报要求的作品,将取消参赛资格,该学校不得补报作品。经核实有舞弊、抄袭、作假等的作品,从该参赛学校总分中扣除相当于三等奖分值的双倍分数,同时取消该学校参评集体奖项的资格。

本校硕博连读生(直博生)若在决赛当年7月1日以前未通过博士资格考试的,按硕士生学历申报作品;若通过,则按博士生学历申报作品。没有实行资格考试制度的学校,按照前两年为硕士、后续为博士学历申报作品。医学等本硕博连读生,按照四年、二年及后续分别对应本、硕、博申报。

毕业设计和课程设计(论文)、学年论文和学位论文、国际竞赛中获奖的作品、获国家级奖励成果(含本竞赛主办单位参与举办的其他全国性竞赛的获奖作品)等均不在申报范围之列。

第十八条 申报参赛的作品分为自然科学类学术论文、哲学社会科学类社会调查报告和学术论文、科技发明制作3类。自然科学类学术论文作者限本专科生。哲学社会科学类社会调查报告和学术论文限定在哲学、经济、社会、法律、教育、管理6个学科内。科技发明制作类分为A、B两类:A类指科技含量较高、制作投入较大的作品;B类指投入较少,且为生产技术或社会生活带来便利的小发明、小制作等。

第十九条 参赛作品涉及下列内容时,必须由申报者提供有关部门的证明材料,否则不予评审。

动植物新品种的发现或培育,须有省级以上农科部门或科研院所开具证明。

对国家保护动植物的研究,须有省级以上林业部门开具证明,证明该项研究的过程中未产生对所研究的动植物繁衍、生长不利的影响。

新药物的研究须有卫生行政部门授权机构的鉴定证明。

医疗卫生研究须通过专家鉴定,并最好附有在公开发行的专业性杂志上发表过的文章。

涉及燃气用具等与人民生命财产安全有关用具的研究,须有国家相应行政部门授权机构的认定证明。

第二十条 参赛作品必须由2名具有高级专业技术职称的指导教师(或教研组)推荐,经本校学籍管理、教务、科研管理部门审核确认。

第二十一条 每个学校选送参加竞赛的作品总数不得超过6件,每人限报1

件,作品中研究生的作品不得超过作品总数的 1/2,其中博士研究生的作品不得超过 1 件。参赛作品须经过本省(自治区、直辖市)组织协调委员会进行资格及形式审查和本省(自治区、直辖市)评审委员会初步评定,方可上报全国组委会办公室。各省(自治区、直辖市)选送全国竞赛的作品数额由主办单位统一确定。每所发起学校可直接报送 3 件作品(含在 6 件作品之中)参加全国竞赛。

第四章　展览、交流、转让

第二十二条　全国评审委员会推荐通过预审的一定比例的自然科学类学术论文、哲学社会科学类社会调查报告和学术论文及全部科技发明制作类作品参加展览。科技发明制作类作品须有实物或模型参展。

第二十三条　全国组委会将在竞赛的终审决赛阶段组织多种形式的学术交流和工作交流活动,并适时举办单项展示赛或邀请赛等丰富"挑战杯"竞赛的活动。

第二十四条　全国组织委员会在终审决赛期间,举办成果转让活动;成果是否转让不作为作品评审获奖的依据。

第二十五条　全国组织委员会拥有组织转让获奖作品的优先权。成果产权及利益分配由学校和作者协商确定。

全国组织委员会可结集出版竞赛获奖作品及评委评语。

第五章　奖励

第二十六条　全国评审委员会对各省级组织协调委员会和发起高校报送的参赛作品进行预审,评出 80% 左右的参赛作品入围获奖作品,评出入围作品中的 40% 获得三等奖,其余 60% 进入终审决赛。在终审决赛中评出特等奖、一等奖、二等奖,其余部分获得三等奖。参赛的自然科学类学术论文、哲学社会科学类社会调查报告和学术论文、科技发明制作三类作品各设特等奖、一等奖、二等奖、三等奖。各等次奖分别约占各类入围作品总数的 3%、8%、24% 和 65%。本专科生、硕士研究生、博士研究生三个学历层次作者的作品获奖数与其入围作品数成正比例。科技发明制作类中 A 类和 B 类作品分别按上述比例设奖。

第二十七条　入围获奖的作品,确认资格有效的,由全国组织委员会向作者颁发证书,并视情况颁发相应的奖金。参加各省(自治区、直辖市)预赛的作品,确认资格有效而又未进入全国竞赛的,由各省(自治区、直辖市)组织协调委员会向作者颁发证书。

第二十八条　竞赛以学校为单位计算参赛得分,团体总分按名次排列,按位次公布。最高荣誉"挑战杯"为流动杯,授予团体总分第一名的学校;设"优胜杯"若干,分别授予团体总分第二至第二十一名的学校。累计3次获得"挑战杯"的学校,可永久保存复制的"挑战杯"一座。

第二十九条　各等次奖计分方法如下:特等奖作品每件计100分,一等奖作品每件计70分,二等奖作品每件计40分,三等奖作品每件计20分,上报至全国组委会但未通过预审的作品每件计10分。如遇总积分相等,则以获特等奖的个数决定同一名次内的排序,以此类推至三等奖。

第三十条　竞赛设10个左右省级优秀组织奖和获得入围作品高校数30%左右的高校优秀组织奖,奖励在竞赛组织工作中表现突出的省份和高校。省级优秀组织奖由主办单位评定,报全国组织委员会确认。高校优秀组织奖由各省(自治区、直辖市)组织协调委员会提名,主办单位评定后报全国组织委员会确认。

第三十一条　在符合竞赛宗旨、具有良好导向作用前提下,可联合社会有关方面设立、评选专项奖。专项奖不计分。

第六章　附则

第三十二条　竞赛结束后,对获奖作品保留一个月的质疑投诉期。若收到投诉,竞赛领导小组将委托主办单位有关部门进行调查。经调查,如确认该作品资格不符者,取消该作品获得的奖励,重新计算作者所在学校团体总分及名次,取消该校、该省所获的优秀组织奖,通报全国组织委员会成员单位;并视情节轻重,分别给予所在学校取消下届联合发起单位资格或参赛资格的处罚。

竞赛组委会保护投诉人的合法权益。

第三十三条　承办竞赛的高校应按当届组委会通过的申办办法,申请承办下一届竞赛活动;获得历届"挑战杯"和"优胜杯"的学校具有承办下届竞赛的优先权;当届组委会通过一定的民主程序产生下届承办单位。

第三十四条　竞赛承办单位有权以全国组织委员会名义寻求赞助。最高荣誉"挑战杯"不得用于寻求赞助。

第三十五条　http://www.tiaozhanbei.net 为"挑战杯"竞赛专用网站,由主办单位和承办单位共同建设。

第三十六条　本章程自全国组织委员会审议通过之日起生效,由竞赛主办单位及全国组委会秘书处负责解释。

附件 2

"挑战杯"全国大学生课外学术科技作品竞赛
历年颁奖情况一览表 ①

届别(年)	等级	数量(项)	获奖学校(项目数)
第一届 (1989)	一等奖	6	北京大学(1)、清华大学(3)、华中理工大学(1)、新疆石河子医学院(1)
第二届 (1991)	一等奖	10	浙江大学(1)、郑州大学(1)、国防科技大学(1)、北方交通大学(1)、上海交通大学(2)、上海医科大学(1)、华中理工大学(1)、北京航空航天大学(1)、四川成都电子科技大学(1)
第三届 (1993)	一等奖	19	北京大学(2)、清华大学(1)、东北大学(1)、吉林大学(1)、武汉大学(1)、浙江大学(1)、四川师范大学(1)、天津财经学院(1)、北方交通大学(1)、中国科技大学(1)、上海交通大学(1)、上海医科大学(1)、南京理工大学(1)、华东理工大学(1)、华中理工大学(1)、齐齐哈尔工程学院(1)、北京航空航天大学(2)
第四届 (1995)	一等奖	18	复旦大学(1)、河北大学(1)、武汉大学(1)、暨南大学(1)、北京大学(2)、云南大学(1)、中山大学(1)、清华大学(1)、北京师范大学(1)、南京理工大学(1)、北京科技大学(1)、大连理工大学(1)、华中理工大学(1)、华北师范大学(1)、吉林工业大学(1)、苏州丝绸工学院(1)、北京航空航天大学(1)
第五届 (1997)	一等奖	19	清华大学(4)、北京大学(3)、武汉大学(1)、南京理工大学(1)、复旦大学(1)、南京大学(1)、上海交通大学(1)、云南大学(1)、北京航空航天大学(1)、国防科学技术大学(1)、四川联合大学(1)、中国石油大学(1)、中国政法大学(1)、吉林工业大学(1)
第六届 (1999)	一等奖	17	北京航空航天大学(1)、东北大学(1)、江苏理工学院(1)、复旦大学(2)、南京大学(1)、大连海事大学(1)、中国科学技术大学(1)、上海交通大学(1)、东南大学(1)、北方交通大学(1)、重庆大学(1)、苏州大学(1)、北京大学(1)、华东师范大学(1)、哈尔滨理工大学(1)、国立华侨大学(1)

---

① "挑战杯"竞赛有两个并列项目:一个是"挑战杯"全国大学生课外学术科技作品竞赛("大挑");另一个则是"挑战杯"中国大学生创业计划竞赛("小挑")。第一届"挑战杯"全国大学生课外学术科技作品竞赛于1989年举办,但在当时并未形成较大的影响。我国高校创新创业教育的真正起步应该从1998年算起——清华大学举行首届"挑战杯"中国大学生创业计划竞赛,使"创业"的热浪从清华园向全国扩散,在全国高校掀起了一股创新创业的热潮,产生了良好的社会影响。

续表

届别(年)	等级	数量(项)	获奖学校(项目数)
第七届 (2001)	特等奖	18	北京大学(1)、清华大学(1)、北京航空航天大学(1)、南开大学(1)、复旦大学(1)、华东师范大学(1)、东南大学(2)、山东大学(2)、汕头大学(1)、电子科技大学(1)、四川大学(1)、重庆大学(1)、渝州大学(1)、贵阳中医学院(1)、西安交通大学(2)
	一等奖	62	北京大学(1)、北京航空航天大学(3)、北京科技大学(2)、北京理工大学(2)、北京师范大学(1)、中国人民大学(1)、天津理工学院(1)、河北大学(1)、河北科技大学(1)、华北电力大学(1)、大连海事大学(1)、大连理工大学(3)、东北大学(1)、吉林工学院(1)、哈尔滨理工大学(1)、东华大学(1)、复旦大学(3)、华东师范大学(1)、上海财经大学(1)、上海交通大学(1)、上海师范大学(1)、同济大学(1)、东南大学(1)、苏州大学(3)、扬州大学(1)、中国药科大学(1)、浙江大学(1)、合肥工业大学(1)、中国科学技术大学(1)、郑州工程学院(2)、华中师范大学(1)、武汉大学(1)、武汉理工大学(1)、中国地质大学(武汉)(1)、国防科学技术大学(2)、华南农业大学(1)、中山大学(2)、华南热带农业大学(1)、西南石油学院(1)、重庆大学(1)、云南大学(2)、长安大学(1)、西安电子科技大学(1)、西安理工大学(1)、兰州大学(1)、宁夏大学(2)、新疆大学(1)
第八届 (2003)	一等奖	74	北京大学(2)、北京航空航天大学(2)、清华大学(1)、中国地质大学(北京)(1)、中国农业大学(1)、中国人民大学(1)、北京城市学院(1)、天津大学(1)、河北科技师范学院(1)、山西财经大学(1)、大连理工大学(1)、吉林大学(2)、北华大学(1)、哈尔滨医科大学(1)、复旦大学(1)、上海财经大学(1)、上海交通大学(2)、同济大学(3)、东南大学(2)、南京大学(2)、南京工业大学(1)、南京理工大学(1)、南京师范大学(2)、南京邮电学院(1)、中国矿业大学(1)、华东船舶工业学院(1)、绍兴文理学院(1)、浙江工业大学(1)、浙江师范大学(1)、中国科学技术大学(3)、福建农林大学(1)、福州大学(1)、华侨大学(1)、厦门大学(1)、山东理工大学(1)、郑州工程学院(1)、湖北大学(1)、武汉大学(1)、武汉化工学院(1)、中国地质大学(武汉)(1)、国防科技大学(1)、湖南大学(2)、湖南师范大学(2)、中南大学(2)、广州大学(1)、华南理工大学(1)、华南农业大学(1)、广东商学院(1)、四川大学(1)、西南石油学院(1)、中国人民解放军第三军医大学(2)、重庆工学院(1)、云南师范大学(1)、长安大学(1)、西安科技大学(1)、西安交通大学(2)、宁夏大学(1)、新疆大学(1)
第九届 (2005)	特等奖	18	北京大学(1)、中国人民大学(1)、中国政法大学(1)、山西大学(1)、大连理工大学(1)、东北师范大学(1)、复旦大学(1)、东南大学(1)、中国矿业大学(1)、中国科学技术大学(1)、福建农林大学(1)、湖南大学(1)、国防科学技术大学(1)、深圳大学(1)、广东商学院(1)、电子科技大学(1)、中国人民解放军第三军医大学(1)、西安电子科技大学(1)

届别(年)	等级	数量(项)	获奖学校(项目数)
第九届 (2005)	一等奖	80	北京大学(3)、清华大学(1)、中国人民大学(1)、北京航空航天大学(2)、北京理工大学(2)、首都师范大学(1)、天津大学(2)、南开大学(1)、河北大学(1)、山西大学(1)、内蒙古大学(2)、大连理工大学(1)、东北大学(1)、沈阳大学(1)、吉林大学(1)、北华大学(1)、复旦大学(4)、上海交通大学(2)、华东师范大学(1)、东华大学(2)、上海电力学院(1)、南京大学(3)、东南大学(1)、南京航空航天大学(3)、中国药科大学(1)、南京邮电大学(1)、南京师范大学(1)、中国矿业大学(2)、扬州大学(1)、苏州大学(2)、浙江大学(3)、浙江工业大学(1)、浙江理工大学(1)、浙江林学院(1)、中国科学技术大学(1)、安徽大学(1)、安徽工业大学(1)、厦门大学(1)、山东大学(1)、山东理工大学(1)、国防科技大学(1)、华中农业大学(1)、中南大学(1)、湖南师范大学(1)、湘潭大学(1)、吉首大学(1)、中山大学(1)、暨南大学(1)、华南理工大学(1)、广州大学(1)、广西工学院(1)、四川大学(1)、电子科技大学(1)、西南大学(2)、重庆邮电学院(1)、中国人民解放军第三军医大学(1)、西安电子科技大学(1)、西北农林科技大学(1)、西安理工大学(1)、石河子大学(1)
第十届 (2007)	特等奖	23	华中科技大学(1)、南京航空航天大学(1)、江苏大学(2)、华南理工大学(1)、上海交通大学(1)、中国地质大学(武汉)(1)、天津中医药大学(1)、复旦大学(2)、中山大学(1)、中国人民解放军第三军医大学(1)、天津理工大学(1)、北京大学(2)、南开大学(1)、西安交通大学(1)、东南大学(1)、同济大学(1)、湖南师范大学(1)、华东师范大学(1)、东北大学(1)、广州大学(1)
	一等奖	79	北京航空航天大学(2)、南京航空航天大学(3)、华中科技大学(1)、东北大学(2)、哈尔滨工程大学(1)、合肥工业大学(2)、北京工业大学(1)、长春理工大学(1)、华东理工大学(2)、中国计量学院(1)、中国科学技术大学(2)、北京理工大学(2)、河海大学(1)、西安理工大学(1)、南京邮电大学(1)、北京邮电大学(1)、中国矿业大学(1)、东南大学(3)、四川大学(2)、北京师范大学(1)、中山大学(1)、哈尔滨医科大学(1)、江南大学(1)、中国人民解放军第三军医大学(1)、上海交通大学(1)、河北大学(1)、辽宁大学(1)、东北师范大学(1)、扬州大学(1)、福建农林大学(1)、山东师范大学(1)、河南科技大学(1)、吉首大学(1)、天津大学(2)、南开大学(2)、天津科技大学(1)、上海师范大学(1)、南京工业大学(1)、华侨大学(1)、湖南大学(2)、天津工业大学(1)、东北师范大学(1)、湖南农业大学(1)、清华大学(1)、中国人民大学(1)、南昌大学(1)、湖南商学院(1)、西南财经大学(1)、华中师范大学(1)、北京科技大学(1)、山西大学(1)、厦门大学(1)、山东大学(1)、河南工业大学(1)、武汉大学(1)、桂林工学院(1)、西南民族大学(1)、中南大学(2)、云南大学(1)、南京师范大学(1)、河北工程大学(1)、华东师范大学(1)、苏州大学(1)、河南中医学院(1)

届别(年)	等级	数量(项)	获奖学校(项目数)
第十一届 (2009)	特等奖	27	清华大学(2)、北京航空航天大学(2)、华东师范大学(1)、浙江工商大学(1)、南京航空航天大学(1)、苏州大学(1)、中国科学技术大学(2)、南开大学(1)、华南理工大学(1)、复旦大学(1)、国防科学技术大学(1)、中国人民大学(1)、河南工业大学(1)、华南农业大学(1)、扬州大学(1)、长春工业大学(1)、中国人民解放军第三军医大学(1)、南京师范大学(1)、东北师范大学(1)、中山大学(1)、长沙理工大学(1)、山东师范大学(1)、湖南商学院(1)、浙江万里学院(1)
	一等奖	95	清华大学(2)、北京航空航天大学(2)、华东师范大学(3)、浙江工商大学(3)、南京航空航天大学(2)、苏州大学(2)、南开大学(2)、华南理工大学(3)、复旦大学(1)、国防科学技术大学(1)、北京理工大学(3)、中国人民大学(1)、江苏大学(2)、河南工业大学(1)、华南农业大学(1)、扬州大学(1)、华中科技大学(1)、南京工业大学(1)、长春工业大学(1)、中国人民解放军第三军医大学(1)、北京大学(2)、福建农林大学(2)、河北大学(2)、南昌大学(2)、重庆大学(2)、华东理工大学(2)、华南师范大学(1)、宁夏大学(1)、上海交通大学(1)、中国地质大学(武汉)(1)、浙江大学(2)、华中师范大学(1)、石河子大学(1)、东华大学(1)、合肥工业大学(1)、武汉理工大学(1)、西北工业大学(1)、厦门大学(1)、浙江工业大学(1)、湖南师范大学(1)、长安大学(1)、天津大学(1)、华北电子大学(保定)(1)、吉林大学(1)、西南大学(1)、中南财经政法大学(2)、四川大学(1)、安徽工业大学(1)、电子科技大学(1)、广州大学(1)、河南科技大学(1)、南京理工大学(1)、西安交通大学(1)、重庆邮电大学(1)、深圳大学(1)、南方医科大学(1)、华中农业大学(1)、上海财经大学(1)、长江大学(1)、西南科技大学(1)、中南民族大学(1)、中国石油大学(华东)(1)、杭州师范大学(1)、湖北大学(1)、洛阳理工学院(1)、上海大学(1)、中原工学院(1)、河南大学(1)、上海工程技术大学(1)、上海海洋大学(1)、武汉工程大学(1)、哈尔滨医科大学(1)、中南林业科技大学(1)
第十二届 (2011)	特等奖	31	北京大学(1)、北京工业大学(1)、北京航空航天大学(1)、清华大学(1)、中央民族大学(1)、华北电力大学(保定)(1)、山西大学(1)、华东师范大学(1)、上海交通大学(3)、同济大学(1)、江苏大学(1)、南京航空航天大学(1)、南京师范大学(1)、南京中医药大学(1)、苏州大学(2)、浙江大学(1)、浙江工商大学(1)、中国科学技术大学(1)、厦门大学(2)、华中科技大学(1)、武汉理工大学(1)、中南大学(1)、华南理工大学(3)、重庆大学(1)、四川大学(1)

届别(年)	等级	数量(项)	获奖学校(项目数)
第十二届 (2011)	一等奖	84	北京大学(1)、北京理工大学(2)、北京师范大学(2)、首都师范大学(1)、中国传媒大学(1)、中国青年政治学院(1)、中国人民大学(2)、中国政法大学(1)、南开大学(2)、大连理工大学(1)、东北大学(1)、沈阳工业大学(1)、沈阳化工大学(1)、北华大学(1)、东华大学(2)、华东师范大学(1)、上海交通大学(1)、同济大学(2)、东南大学(2)、江南大学(4)、江苏科技大学(1)、南京航空航天大学(3)、南京师范大学(1)、南通大学(1)、苏州大学(1)、扬州大学(3)、杭州师范大学(1)、嘉兴学院(1)、宁波大学(1)、浙江工业大学(4)、浙江师范大学(1)、中国计量学院(1)、安徽大学(1)、安徽工业大学(1)、安徽师范大学(1)、安庆师范学院(1)、合肥工业大学(1)、中国科学技术大学(3)、福建农林大学(3)、厦门大学(1)、南昌大学(1)、山东大学(2)、河南工业大学(1)、河南农业大学(2)、华中科技大学(1)、华中农业大学(1)、武汉大学(2)、长沙理工大学(1)、湖南师范大学(2)、南方医科大学(1)、深圳大学(1)、中山大学(1)、桂林理工大学(1)、重庆交通大学(1)、重庆医科大学(1)、重庆邮电大学(1)、西安电子科技大学(1)、西安交通大学(1)、西北大学(1)
第十三届 (2013)	特等奖	34	北京大学(1)、北京理工大学(1)、清华大学(3)、燕山大学(1)、大连理工大学(1)、吉林大学(2)、哈尔滨工业大学(1)、复旦大学(1)、上海大学(1)、上海交通大学(4)、常州大学(1)、东南大学(1)、江苏大学(1)、南京工业大学(1)、南京航空航天大学(2)、南京理工大学(1)、南京师范大学(1)、苏州大学(1)、温州医科大学(1)、浙江大学(1)、安徽工业大学(1)、江西师范大学(1)、河南工业大学(1)、华中师范大学(1)、武汉理工大学(1)、中山大学(1)、重庆大学(1)
	一等奖	102	北京大学(2)、北京航空航天大学(4)、北京理工大学(3)、北京师范大学(3)、清华大学(2)、中国农业大学(1)、中国人民大学(2)、南开大学(1)、河北大学(1)、河北师范大学(1)、燕山大学(1)、山西大学(2)、大连理工大学(1)、辽宁工业大学(1)、北华大学(1)、吉林体育学院(1)、东北农业大学(1)、哈尔滨工程大学(1)、复旦大学(1)、华东师范大学(2)、上海大学(1)、同济大学(1)、中国人民解放军第二军医大学(1)、江南大学(2)、江苏大学(1)、江苏科技大学(1)、江苏师范大学(1)、南京财经大学(1)、南京大学(1)、南京工业大学(1)、南京航空航天大学(1)、南京理工大学(2)、南京信息工程大学(1)、南京邮电大学(1)、南京中医药大学(2)、苏州大学(3)、盐城工学院(1)、扬州大学(1)、中国矿业大学(2)、中国药科大学(1)、杭州电子科技大学(1)、宁波大学(3)、温州医科大学(2)、浙江大学(1)、浙江工商大学(1)、浙江工业大学(2)、浙江理工大学(1)、浙江师范大学(1)、安徽理工大学(1)、福建农林大学(1)、华侨大学(1)、南昌航空大学(1)、济南大学(1)、青岛理工大学(1)、山东大学(1)、河南工业大学(1)、郑州大学(1)、华中科技大学(1)、华中农业大学(1)、武汉大学(2)、武汉理工大学(1)、中南民族大学(1)、湖南师范大学(1)、中南大学(1)、广东工业大学(3)、广州大学(1)、华南理工大学(1)、华南师范大学(1)、深圳大学(1)、西南大学(1)、中国人民解放军第三军医大学(1)、云南师范大学(1)、西安电子科技大学(2)、兰州大学(1)、宁夏大学(1)

续表

届别(年)	等级	数量(项)	获奖学校(项目数)
第十四届 (2015)	特等奖	38	北京大学(1)、清华大学(2)、北京理工大学(2)、北京师范大学(1)、复旦大学(2)、同济大学(1)、上海交通大学(2)、南京大学(1)、东南大学(1)、南京航空航天大学(4)、南京工业大学(1)、江苏师范大学(1)、扬州大学(1)、浙江大学(1)、浙江海洋学院(1)、温州医科大学(1)、宁波大学(1)、厦门大学(1)、福建师范大学(1)、华中科技大学(1)、中山大学(2)、华南农业大学(1)、华南师范大学(1)、广东工业大学(2)、南方医科大学(1)、西南大学(1)、云南师范大学(1)、香港大学(1)、香港科技大学(1)
	一等奖	123	中国人民大学(1)、清华大学(3)、北京航空航天大学(4)、北京理工大学(1)、北京师范大学(1)、对外经济贸易大学(1)、中国政法大学(1)、南开大学(1)、华北电力大学(保定)(1)、燕山大学(1)、山西大学(1)、大连理工大学(1)、大连医科大学(1)、吉林大学(1)、哈尔滨工业大学(1)、上海交通大学(3)、华东师范大学(1)、上海师范大学(1)、上海财经大学(1)、上海大学(2)、中国人民解放军第二军区大学(1)、南京大学(2)、苏州大学(2)、东南大学(1)、南京航空航天大学(4)、南京理工大学(1)、江苏科技大学(2)、中国矿业大学(1)、常州大学(2)、南京邮电大学(2)、河海大学(1)、江南大学(3)、江苏大学(4)、盐城工学院(1)、南京中医药大学(1)、南京师范大学(2)、苏州科技学院(1)、扬州大学(3)、浙江大学(1)、杭州电子科技大学(1)、浙江理工大学(2)、温州医科大学(2)、温州大学(1)、中国计量学院(1)、宁波大学(1)、安徽工业大学(1)、安徽师范大学(1)、福建农林大学(1)、江西师范大学(1)、南昌工程学院(1)、山东大学(1)、中国石油大学(华东)(1)、青岛农业大学(1)、河南工业大学(1)、河南科技大学(1)、河南大学(1)、武汉大学(4)、华中科技大学(1)、武汉理工大学(3)、湖北工业大学(1)、华中师范大学(2)、湖南大学(1)、中南大学(1)、中山大学(1)、暨南大学(1)、华南理工大学(2)、深圳大学(1)、广州大学(1)、仲恺农业工程学院(1)、广东工业大学(2)、南方医科大学(1)、桂林理工大学(1)、四川大学(2)、电子科技大学(1)、重庆大学(1)、重庆邮电大学(1)、西安交通大学(2)、西安电子科技大学(2)、长安大学(1)、中国人民解放军第四军区大学(1)、塔里木大学(1)、香港中文大学(3)、澳门大学(1)、澳门科技大学(1)
第十五届 (2017)	特等奖	39	清华大学(2)、北京航空航天大学(1)、北京师范大学(1)、南开大学(1)、天津科技大学(1)、山西大学(1)、东北农业大学(1)、上海交通大学(4)、上海师范大学(1)、华东政法大学(1)、上海大学(2)、南京大学(1)、东南大学(2)、南京航空航天大学(2)、南京理工大学(1)、江苏科技大学(1)、南京工业大学(1)、常州大学(2)、南京信息工程大学(1)、南京中医药大学(1)、扬州大学(1)、浙江大学(1)、温州医科大学(2)、青岛农业大学(1)、武汉大学(1)、华中师范大学(1)、中南大学(1)、广东工业大学(2)、塔里木大学(1)

续表

届别(年)	等级	数量(项)	获奖学校(项目数)
第十五届 (2017)	一等奖	101	清华大学(1)、北京工业大学(1)、北京航空航天大学(2)、北京理工大学(3)、南开大学(1)、河北大学(1)、河北科技大学(1)、吉林农业大学(1)、东北师范大学(1)、复旦大学(1)、上海交通大学(1)、华东师范大学(1)、上海大学(3)、上海工程技术大学(1)、南京大学(3)、苏州大学(1)、东南大学(2)、南京航空航天大学(1)、南京理工大学(3)、江苏科技大学(2)、中国矿业大学(1)、南京邮电大学(2)、江苏大学(5)、南京医科大学(1)、江苏师范大学(2)、盐城师范学院(1)、扬州大学(2)、浙江大学(3)、杭州电子科技大学(1)、浙江理工大学(1)、温州医科大学(2)、杭州师范大学(1)、浙江工商大学(1)、中国计量大学(1)、宁波大学(4)、安徽大学(1)、合肥工业大学(1)、安徽工业大学(2)、华侨大学(1)、福建农林大学(2)、福建师范大学(1)、厦门理工大学(1)、江西师范大学(1)、江西科技学院(1)、山东大学(3)、济南大学(1)、山东师范大学(1)、武汉大学(1)、华中科技大学(1)、中国地质大学(武汉)(1)、武汉理工大学(1)、华中农业大学(1)、华中师范大学(2)、湖北大学(1)、中山大学(1)、暨南大学(1)、华南理工大学(1)、华南农业大学(1)、华南师范大学(1)、广东财经大学(1)、广州大学(1)、南方医科大学(1)、电子科技大学(1)、西南大学(1)、西藏农牧学院(1)、西安交通大学(2)、西安电子科技大学(2)、西北农林科技大学(1)、香港大学(1)、香港浸会大学(1)

"挑战杯"中国大学生创业计划竞赛

历年颁奖情况一览表

届别(年)	等级	数量(项)	获奖学校(项目数)
第一届 (1999)	金奖	10	清华大学(3)、东华大学(1)、天津大学(1)、上海交通大学(1)、北京师范大学(1)、北京大学(1)、复旦大学(1)、厦门大学(1)
第二届 (2000)	金奖	15	清华大学(3)、东南大学(1)、上海交通大学(3)、山东大学(1)、西安交通大学(1)、东华大学(1)、同济大学(1)、厦门大学(1)、武汉科技大学(1)、武汉大学(1)、南京大学(1)
第三届 (2002)	金奖	20	北京大学(1)、北京师范大学(1)、清华大学(2)、厦门大学(1)、中南大学(1)、东南大学(2)、南京大学(2)、内蒙古工业大学(1)、山东大学(1)、西安交通大学(1)、东华大学(2)、上海交通大学(1)、上海理工大学(1)、浙江大学(2)、重庆大学(1)

续表

届别(年)	等级	数量(项)	获奖学校(项目数)
第四届 (2004)	金奖	29	华南理工大学(2)、内蒙古大学(1)、集美大学(1)、重庆大学(1)、北京大学(1)、中南大学(1)、南开大学(1)、厦门大学(2)、中国海洋大学(1)、复旦大学(1)、浙江大学(1)、华中科技大学(1)、南京师范大学(1)、清华大学(2)、湖南大学(1)、上海交通大学(1)、东南大学(1)、西安交通大学(1)、南京大学(1)、山东大学(1)、哈尔滨工程大学(1)、南京航空航天大学(1)、同济大学(1)、北京师范大学(1)、贵州大学(1)、南昌高等专科学校(1)
第五届 (2006)	金奖	32	南京大学(2)、厦门大学(2)、武汉大学(2)、东南大学(2)、山东大学(2)、北京师范大学(2)、香港科技大学(1)、清华大学(1)、上海交通大学(1)、浙江大学(1)、西安交通大学(1)、南开大学(1)、吉林大学(1)、四川大学(1)、华南理工大学(1)、南京航空航天大学(1)、暨南大学(1)、河海大学(1)、武汉理工大学(1)、南京师范大学(1)、上海中医药大学(1)、华中农业大学(1)、华南农业大学(1)、天津音乐学院(1)、重庆交通大学(1)、职业训练局香港专业教育学院(1)
第六届 (2008)	金奖	31	北京大学(1)、浙江林学院(1)、上海交通大学(1)、南华大学(1)、山东大学(1)、苏州大学(1)、清华大学(1)、宁波大学(1)、四川大学(2)、浙江大学(1)、浙江工商大学(1)、北京理工大学(1)、中国科学技术大学(1)、厦门大学(1)、香港中文大学(1)、南京航空航天大学(2)、华南理工大学(1)、中国海洋大学(1)、吉林大学(1)、复旦大学(1)、中南大学(1)、中国地质大学(武汉)(1)、北京师范大学(1)、北京交通大学(1)、南开大学(1)、湖南大学(1)、合肥工业大学(1)、南方医科大学(1)、西南财经大学(1)
第七届 (2010)	金奖	54	山东大学(2)、中国计量学院(1)、山东经济学院(1)、江苏大学(2)、浙江工商大学(1)、华中农业大学(1)、湖南科技大学(1)、北京林业大学(1)、南方医科大学(1)、河南理工大学(1)、盐城师范学院(1)、暨南大学(1)、吉林大学(2)、上海交通大学(1)、重庆大学(1)、浙江工业大学(2)、四川大学(2)、中国科学技术大学(2)、清华大学(1)、南京航空航天大学(2)、浙江万里学院(1)、浙江农林大学(1)、温州大学(1)、武汉大学(2)、武汉理工大学(2)、江南大学(1)、北京师范大学(1)、安徽工业大学(1)、西安电子科技大学(1)、西北工业大学(1)、厦门大学(1)、内蒙古工业大学(1)、安徽理工大学(2)、吉林财经大学(1)、湖南大学(1)、南通大学(1)、重庆交通大学(1)、杭州师范大学(1)、苏州大学(1)、天津音乐学院(1)、北京大学(1)、天津师范大学(1)、华南理工大学(1)、香港中文大学(1)

续表

届别(年)	等级	数量(项)	获奖学校(项目数)
第八届 (2012)	金奖	61	北京航空航天大学(1)、北京科技大学(1)、北京理工大学(1)、北京师范大学(1)、对外经济贸易大学(1)、清华大学(1)、南开大学(1)、东北大学(1)、吉林大学(1)、东华大学(1)、复旦大学(1)、华东师范大学(1)、上海电力学院(1)、上海电机学院(1)、上海交通大学(1)、同济大学(1)、东南大学(1)、江苏大学(1)、江苏科技大学(1)、南京大学(1)、南京工业大学(1)、南京航空航天大学(1)、南京师范大学(1)、南京中医药大学(1)、苏州大学(1)、盐城师范学院(1)、杭州电子科技大学(1)、杭州师范大学(1)、嘉兴学院(1)、宁波大学(2)、温州医学院(1)、中国计量学院(1)、安徽工业大学(1)、福建师范大学(1)、厦门大学(1)、江西理工大学(1)、江西师范大学(1)、山东财经大学(1)、山东大学(1)、河北农业大学(1)、湖北工业大学(1)、华中农业大学(1)、武汉大学(1)、武汉工程大学(1)、中南大学(1)、广东工业大学(1)、韩山师范学院(1)、华南师范大学(1)、南方医科大学(1)、中山大学(1)、重庆邮电大学(1)、四川大学(1)、云南大学(1)、陕西科技大学(1)、西安交通大学(1)、西安美术学院(1)、北方民族大学(1)、香港中文大学(1)、香港科技大学(1)、澳门科技大学(1)
第九届 (2014)	金奖	68	浙江海洋学院(1)、吉林大学(1)、西安交通大学(1)、上海师范大学(1)、南京农业大学(1)、东北农业大学(1)、福建农林大学(1)、宁波大学(2)、苏州大学(1)、中山大学(1)、重庆工商大学(1)、南方医科大学(1)、温州医科大学(1)、山东大学(1)、上海理工大学(1)、江苏大学(1)、上海交通大学(1)、南京农业大学(1)、常州大学(1)、同济大学(1)、福建师范大学(1)、石河子大学(1)、杭州师范大学(1)、河海大学(1)、武汉大学(1)、暨南大学(1)、华中科技大学(1)、杭州师范大学(1)、合肥工业大学(1)、清华大学(2)、温州大学(1)、五邑大学(1)、北京航空航天大学(1)、广东技术师范学院(1)、北京师范大学(1)、贵州大学(1)、华南理工大学(1)、复旦大学(1)、湖北大学(1)、吉林大学(1)、浙江大学(1)、南京航空航天大学(2)、华东理工大学(1)、电子科技大学(1)、华中科技大学(1)、南京理工大学(1)、安徽工业大学(1)、浙江大学(1)、浙江理工大学(1)、中国药科大学(1)、南方医科大学(1)、南京中医药大学(1)、湖北工业大学(1)、浙江科技学院(1)、上海交通大学(1)、武汉大学(1)、南京师范大学(1)、华南农业大学(1)、盐城师范学院(1)、南开大学(1)、上海中医药大学(1)、上海财经大学(1)、澳门科技大学(1)、澳门大学(1)、香港中文大学(1)

届别(年)	等级	数量(项)	获奖学校(项目数)
第十届 (2016)	金奖	69	南京工业大学(1)、四川大学(1)、浙江海洋学院(1)、齐鲁工业大学(1)、浙江工商大学(1)、宁波大学(1)、鲁东大学(1)、上海师范大学(1)、福建农林大学(1)、华中农业大学(1)、浙江大学(2)、东南大学(3)、上海交通大学(1)、南方医科大学(2)、南京中医药大学(1)、中南大学(2)、福建师范大学(1)、河北大学(1)、常州大学(2)、中国矿业大学(1)、南京航空航天大学(2)、合肥工业大学(2)、华中科技大学(2)、广东工业大学(1)、澳门理工学院(1)、贵州师范学院(1)、佛山科学技术学院(1)、电子科技大学(2)、北京理工大学(1)、浙江工业大学(1)、南京理工大学(2)、武汉大学(2)、温州医科大学(1)、西安电子科技大学(1)、浙江师范大学(1)、吉林大学(2)、厦门大学(2)、北京航空航天大学(3)、中国科学技术大学(1)、清华大学(2)、江苏大学(1)、同济大学(1)、河海大学(1)、江苏科技大学(1)、南京艺术学院(1)、河北工业大学(1)、南京财经大学(1)、江苏师范大学(1)、盐城师范学院(1)、山东财经大学(1)、江南大学(1)、北京师范大学(1)
第十一届 (2018)	金奖	69	福建农林大学(2)、华南师范大学(1)、南京农业大学(3)、山东农业大学(1)、中国计量大学(1)、电子科技大学(1)、华中师范大学(1)、唐山师范学院(1)、华东师范大学(1)、华南理工大学(2)、南京大学(1)、山东大学(2)、四川大学(2)、徐州医科大学(1)、浙江师范大学(1)、常州大学(1)、华南理工大学(1)、江西师范大学(1)、南京理工大学(2)、杭州师范大学(1)、嘉兴学院(1)、南京邮电大学(1)、西安电子科技大学(1)、西华师范大学(1)、北京科技大学(1)、东南大学(2)、华东理工大学(1)、四川农业大学(1)、浙江大学(3)、华中科技大学(2)、清华大学(1)、中国矿业大学(1)、广东工业大学(1)、南京航空航天大学(1)、西安交通大学(1)、北京航空航天大学(2)、吉林大学(2)、厦门大学(1)、合肥工业大学(1)、河海大学(1)、深圳大学(1)、北京理工大学(1)、苏州大学(1)、武汉工程大学(1)、广东外语外贸大学(1)、江苏师范大学(1)、浙江工商大学(1)、中国矿业大学(1)、南京工业大学(1)、武汉理工大学(1)、扬州大学(2)、浙江理工大学(2)、中南大学(1)

资料来源:"挑战杯"中国大学生创业计划竞赛和创业计划大赛官网数据整理。

创业计划书

一、企业概述

主要经营范围：_____

企业类型：

☐生产制造　　　☐零售　　　☐批发　　　☐服务　　　☐农业

☐新型产业　　　☐传统产业　　☐其他

二、创业计划作者的个人情况

（1）以往的相关经验（包括时间）。

（2）教育背景，所学习的相关课程（包括时间）。

三、市场评估

（1）目标顾客描述。

（2）市场容量或本企业预计市场占有率。

（3）市场容量的变化趋势。

（4）竞争对手的主要优势。

（5）竞争对手的主要劣势。

（6）本企业相对于竞争对手的主要优势。

（7）本企业相对于竞争对手的主要劣势。

四、市场营销计划

1. 产品

产品或服务	主要特征（主要卖点）

产品或服务	主要特征(主要卖点)

2. 价格

产品或服务	成本价	销售价	竞争对手的价格

折扣销售	
赊账销售	

3. 地点

(1)选址细节。

地址	面积(平方米)	租金或建筑成本

(2)选择该地址的主要原因:＿＿＿＿＿＿＿＿＿＿＿＿＿＿＿＿＿

(3)销售方式(选择一项并打√)。

将把产品或服务销售或提供给:□最终消费者　　□零售商　　□批发商

(4)选择该销售方式的原因。

4. 促销

项目	内容	成本评估	成本额
人员推销		成本预测	
广告		成本预测	
公共关系		成本预测	
营业推广		成本预测	

五、企业组织结构

企业将登记注册成：

□个体工商户　　　　　　□有限责任公司

□个人独资企业　　　　　□其他　　　　　　　□合伙企业

拟议的企业名称：_____

企业的员工（请附企业组织结构图和员工工作描述书）

职务	月薪
业主或经理	
员工 1	
员工 2	

企业将获得的营业执照、许可证

类型	预计费用

企业的法律责任（保险、员工的薪酬、纳税）

种类	预计费用

合伙（合作）人与合伙（合作）协议

条款	合伙人 1	合伙人 2	合伙人 3	合伙人 4
出资方式				
出资数额与期限				
利润分配和亏损分摊				
经营分工权限和责任				
合伙人个人负债的责任				
协议变更和终止				
其他条款				

六、固定资产

1. 工具和设备

根据预测的销售量,假设达到100%的生产能力,企业需要购买的设备

名称	数量	单件	总费用

供应商	地址	电话或传真

2. 交通工具

根据交通及营销活动的需要,拟购置交通工具

名称	数量	单件	总费用

供应商	地址	电话或传真

3. 办公家具和设备

办公室需要的设备

名称	数量	单件	总费用

供应商	地址	电话或传真

4. 固定资产和折旧概要

项目	费用(元)	备注
业主的工资		
雇员工资		
租金		
营销费用		
公用事业费		
维修费		
保险费		
登记注册费		
其他		
合计		

七、流动资金(月)

1. 原材料和包装

项目	数量	单件	总费用

供应商	地址	电话或传真

其他经营费用（不包括折旧费和贷款利息）

项目	费用（元）	备注
业主的工资		
雇员工资		
租 金		
营销费用		
公用事业费		
维修费		
保险费		
登记注册费		
其他		
合计		

销售收入预测（12 个月）

产品或服务		月份												合计
		1	2	3	4	5	6	7	8	9	10	11	12	
1	销售数量													
	平均单件													
	月销售额													
2	销售数量													
	平均单件													
	月销售额													
3	销售数量													
	平均单件													
	月销售额													
4	销售数量													
	平均单件													
	月销售额													
5	销售数量													
	平均单件													
	月销售额													

产品或服务		月份												合计
		1	2	3	4	5	6	7	8	9	10	11	12	
6	销售数量													
	平均单件													
	月销售额													
总计	销售总价													
	总收入													

九、销售和成本计划

项目		月份												合计
		1	2	3	4	5	6	7	8	9	10	11	12	
销售	含税销售收入													
	流转税（估税）													
	销售净收入													
成本	业主工资													
	员工工资													
	租金													
	营销费用													
	公用事业费													
	维修费													
	折旧费													
	贷款利息													
	保险费													
	登记注册费													

项目		月份												合计
		1	2	3	4	5	6	7	8	9	10	11	12	
成本	原材料(列出项目)													
	其他													
	总成本													
利润														
税费	企业所得税													
	个人所得税													
	定税													
净收入(税后)														

十、现金流量计划

项目		月份												合计
		1	2	3	4	5	6	7	8	9	10	11	12	
现金流入	月初现金													
	现金销售收入													
	赊销收入													
	贷款													
	个人投资													
	可支配													
现金流出	现金采购指出(列出项目)													
	业主工资													

项目	月份												合计
	1	2	3	4	5	6	7	8	9	10	11	12	
员工工资													
租金													
营销费用													
公用事业费													
维修费													
贷款利息													
保险费													
登记注册费													
设备													
其他													
税金													
总支出													
月底现金													

附件 4

扬州大学创新创业学院公告

各位 2016 级新同学:

你们好!

为了深入贯彻落实《国家中长期教育改革和发展规划纲要(2010—2020年)》以及学校人才培养机制综合改革的精神,树立立德立人、培养创新创业人才的理念,充分发挥扬州大学多学科、多专业的综合优势,学校创新创业学院在文汇路校区和扬子津校区分别开办实践创新实验班和创新创业实验班,欢迎有志于创新实践和创业发展的新同学踊跃报名。

一、创新创业学院的人才培养理念

依据扬州大学"国内一流、国际知名、特色鲜明的高水平研究型大学"的办学目标,培养具有国际视野、创新精神、创业意识、初步具备创新创业能力、毕业后能尽快进入更高创新平台或者融入创新创业大军的本科优秀人才。

二、创新创业学院的人才培养模式

(1)定制人才培养方案。为不同专业的学生量身定制专用人才培养方案,在专业学习的基础上,加强创新创业相关理论知识和实践技能的培养,加大创新创业教育的熏陶,将创新创业教育贯穿专业教育的全过程。

(2)采取全新的人才培养模式。按照"导师制、小班化、个性化、实践性、国际化"的要求,除了专业课外,采用大班授课、小班研讨的教学方式,培养学生的自主学习、思考、解决问题以及团队合作管理的能力。通过与导师结对、早进实验室、加强模拟训练等途径培养学生的创新创业素质。注重协同育人,聘请校内外创新创业成功的知名教授、企业家等授课。学生修满创新创业基础课程、专业主干课程和实践类课程学分,获得相应专业的毕业证书和学位证书。

(3)强化实践应用能力。注重实践、实训能力培养,多途径开展实践应用能力训练,全面提升实践、实训课程的质量;以创新能力提升为导向,学生全部参加各级各类创新基金项目、大学生科技创新项目或"挑战杯"课题研究;强化英语的实践应用能力,增加国际化培养的经历,拓展学生的国际视野;组织学生野外拉练或生存训练,磨炼学生的意志品质。

(4)实行书院制管理。实行集中住宿,单独编班,四年一贯的双导师制。

2016 年录入我校的新生,凡收到本公告的同学均可登录扬州大学创新创业学院网页(http://cxcyxy.yzu.edu.cn)查看具体的报名和选拔办法。有意愿参加选拔的同学请认真填写报名表,根据要求提交相关材料,报名截止时间 2016 年 8 月 15 日。所有报名材料经教务处审核后,准予加入创新创业学院的学生,名单将在创新创业学院网页上公布并发布录取通知。

咨询 qq 群:580074402;邮件咨询:ydsdb@yzu.edu.cn。

扬州大学创新创业学院招新邀请

——创新创业实验班

亲爱的 2016 级新同学:

您好!

首先欢迎您成为扬州大学众多学子中的一员,也真诚地期望您加入扬州大学自 2015 年创办的创新创业实验班。

一、创新创业实验班简介

扬州大学是江苏省人民政府和教育部共建高校、江苏省属重点综合性大学,是全国首批博士、硕士学位授予单位,是全国率先进行合并办学的高校。扬州大学在教育部、省教育厅教育方针政策的指引下,一直以来坚持深化教育教学综合改革。在 2015 年国家政府工作报告和《国务院办公厅关于深化高等学校创新创业教育改革的实施意见》中,均对高等学校提出了"加快培养规模宏大、富有创新精神、勇于投身实践的创新创业人才队伍,不断提高高等教育对稳增长促改革调结构惠民生的贡献度,为建设创新型国家、实现'两个一百年'奋斗目标和中华民族伟大复兴的中国梦提供强大的人才智力支撑"的人才培养要求。为此,结合学校实际情况,于 2015 年 9 月在扬州大学扬子津校区开办了大学创新创业实验班。

创新创业实验班基本采用书院制的培养模式,在扬子津校区全部的 10 个学院中选拔 40 名学生,组建具有不同专业背景的学生和导师成长共同体。

创新创业实验班践行"互联网 +"环境下"大众创业、万众创新"的理念,以培养具有创新创业意识、创新精神、初步具备创新创业能力、毕业后能尽快融入创新创业大军的高素质人才为目标。

二、加入创新创业实验班您将有如下收获

1. 专业基础和创新创业素质培养"双丰收"

本着"厚基础、宽视野"的创新能力培养目标,大学阶段的前两年集中进行通识课程和专业基础课的学习,学习期间结合双导师制(校内专业导师和校外企业导师)的培养模式参加大学生科技创新训练项目和企业见习,巩固专业基础、启发专业思维和培养创新创业素质。

2. 创新思维能力和创业能力"双提升"

创新创业实验班的课程除专业课外,全程均实行研究性教学,每一个知识点的传授均是在学生对学习内容了解的基础上通过问题导向、翻转课堂等形式以激发学生的创新思维能力。开设经济学、法学、管理学类模块课程,并大量采用案例教学法,引导学生将专业知识与创业实务运用相结合,培养学生解决实践问题的能力。邀请校内知名教授、企业经营管理者、创业成功者进入课堂,通过讲座、指导等方式丰富学生的创新创业知识和实训体验。

3. 综合素质和团队合作意识"双增强"

以校内外实践实训基地为载体,为创新创业实验班学生开设丰富多彩的第二课堂活动,比如国防营拉练、万圣节英语派对、宿舍文化艺术节等活动,通过良好文化氛围的营造来陶冶学生的情操和心境。实验班的实验教学和实践环节均采用开放式的教学形式,学生以小组为单位自主设计实施方案,有效完成学习目标。实验班学生也参加多种志愿服务活动,一系列的合作学习和活动将使学生在获取知识、培养能力的过程中增强团队意识和合作精神。

三、学生选拔录取方案

按照"公开、公平、公正"的原则择优选拔录取 2016 级创新创业学院创新创业实验班新生。

（一）选拔范围

被录取在扬州大学扬子津校区 10 个学院（法学院、外国语学院、体育学院、机械工程学院、信息工程学院、建筑科学与工程学院、水利与能源动力工程学院、环境科学与工程学院、商学院、旅游烹饪学院）的全日制本一、本二批次的 2016 级新生。

（二）选拔人数

初定选拔人数 40 人。

（三）报名条件

（1）认同我校创新创业实验班的培养理念并能积极配合学校各项实验班改革措施的实施。

（2）具有良好的思想品德，遵纪守法，诚实守信，无不良信用记录。

（3）具有创意创新的想法与创新创业的热情和意愿。

（4）有一定的组织协调能力和团队合作精神。

（5）有创新创业项目、参加过相关的创新创业活动的同学优先。

（四）报名方式

（1）网上报名：报名时间自 8 月 1 日至 12 日。申请报名的同学须登录扬州大学创新创业学院网页，填写网上报名表，并成功提交。

（2）提交的电子材料：

个人陈述（须由申请人用黑色钢笔或签字笔撰写，内容包括对创新创业实验班人才培养模式的认识、自身成长经历及体会、个性特长及取得的成果、进入高校的努力方向及设想等，字数在 1000 字以内。最后须有自己的签名，文稿须转换成 PDF 文档）。

一份 3 ～ 5 分钟的视频资料（视频内容可包括自我介绍、创新创业之我见、未来憧憬以及申请优势、特长展示等，视频格式为 mp4、mpg、mov、wmv 或 avi）。

以上两项材料以电子文本形式发送至邮箱 ydsdb@yzu.edu.cn，两项材料均以"录取学院＋专业＋姓名"命名。

电子材料提交的截止日期：2016 年 8 月 12 日。

所有的报名材料应当真实、清晰、完整，如有弄虚作假，一经查实，将取消录取资格。

（五）选拔程序

（1）学校选拔时间：2016 年 8 月 13 日至 16 日。

学校组织实验班改革工作小组根据报名条件审核申请材料进行选拔。

（2）拟录名单公示时间：2016 年 8 月 17 日。

经学校选拔后拟录取的学生名单将在创新创业学院网站上公示，接受社会和学校监督。

（3）录取名单公布时间：2016 年 8 月 20 日。

公示后无异议的最终录取学生名单在创新创业学院网站公布。

（六）其他事项

（1）凡录取为扬州大学创新创业学院创新创业实验班的学生，不增收任何费用。

（2）凡录取的学生按规定的新生报到时间到扬州大学扬子津校区信息工程学院报到入学。

联系方式：qq 群：580074402；电子邮箱：ydsdb@yzu.edu.cn。

肇庆学院创业精英班申请表

1. 个人信息				
姓名		性别		
就读专业		学院		
学生类型		学号		照片
手机				
电话				
E-mail				

2. 教育背景

3. 社团 / 项目 / 实习经历			
时间	社团 / 单位 / 公司	部门及职责	工作内容

4. 其他经历（商业竞赛 / 演讲 / 表演等）	
时间	内容

5. 语言能力（可以自己添加行）	
英语证书、分数	其他语言掌握语言

6. 个人所得奖项及证书

时间	内容

7. 学术论文的发表

时间	刊登媒体

8. 其他爱好特长（演讲、绘画、音乐等）

9. 描述一次商业或创业经历，说明在其中扮演怎样的角色以及取得了哪些成绩？（300字内）

10. 你的职业生涯规划是怎样的？你怎样看待创业？（300字内）

附件6

温州大学课外教育项目分类和学分表

类别	项目名称	学分	主要内容	主管部门	学分要求
必修项目	社会实践	2	参加学校组织的以"三下乡"和"四进社区"为主要内容的社会实践活动	团委	必修4学分
	体能测试	1	参加学校统一组织的体能测试	体育学院	
	军事训练	1	参加学校集中组织的军事训练活动	学生处	
创新创业项目	文体比赛	0.5～6	参加文体艺术活动,或在各类文体艺术比赛中获奖	团委	选修2～4学分
	学科竞赛	0.5～6	参加校级以上(含校级)各级各类学科竞赛培训,或在各类学科竞赛中获奖;或参加"挑战杯"全国大学生课外学术科技作品竞赛、"挑战杯"中国大学生创业计划竞赛获奖	教务处团委	
	实验室开放	0.5～2	学生利用课外时间参加实验室开放项目	教务处	
	科学研究	0.5～6	学生科研立项并结题,或在校期间发表学术论文、出版著作、申请专利等各类科研成果	教务处团委	
	创业实践	0.5～4	学生在校内外进行创业实践活动	创业学院	
	专业(职业)技能训练	0.5～4	学生为拓展职业技能、优化知识结构而参与各类职业资格证的考试并获认可	各学院	
素质拓展项目	社团活动	1～2	参加由团委等部门组织的相关社团活动,或负责主持校级(含)以上综合性活动	团委	选修2学分
	艺术团活动	1～2	参加由团委等部门组织的相关艺术团活动,或负责主持校级(含)以上综合性活动	团委	
	志愿服务	1～2	由团委等部门组织的相关志愿服务活动	团委	
	学术讲座	1	听取与专业相关的最新理论和反映国内外学术动态的专题讲座	各学院	
	信息素养教育	1	学生为提高信息素养而参与的系列数字资源使用讲座及相关活动	图书馆	

温州大学大学生创新创业实践学分标准表（试行）

项目名称	项目类型	等级或内容	分值	认定依据	备注
科学研究	学术论文、论著	SCI 期刊 Ⅰ、Ⅱ 区，SSCI，A&HCI	6	有正式刊号的学术类刊物，提供刊物封面、封底、目录和文章正文；期刊级别按学校期刊定级标准确定。报刊上文字类作品一般不少于1500字	第一作者计满分，第二以下依次减少 0.5 分，以 0.5 分 为 最小单位
		其他 SCI、EI、ISTP、专著、一级刊物	4		
		二级刊物	2		
		公开发表（有公开发行刊号）	1		
	科技成果获奖	省部级	4	以专利证书、证明等为准	
		厅局级	2		
	发明及专利	取得发明专利	6		
		发明专利通过初步审查	2		
		获国家授权的实用新型专利和外观设计专利	2		
		获计算机软件著作权	1		
	纵向课题	国家级立项并结题	6	提供立项、结题证明	
		省部级立项并结题	4		
		市厅级立项并结题	2		
		校级立项并结题（限主持人）	1		
	横向课题	课题经费 20 万元及以上	5	结题后，由科技处或社科处出具证明	
		课题经费 5 万元及以上	3		
		课题经费 2 万元及以上	2		
		课题经费 5000 元及以上	1		
	参加教师科研项目工作		0.5	参与 16 学时以上	项目负责人考核认定
	实验室开放项目		1～2	结题的实验室开放项目，参加学生可获 2 学分；参加学校、学院组织的实验开放活动，累计达到 32 课时（含）以上的可获 1 学分，达到 64 课时（含）以上的可获 2 学分	

项目名称	项目类型	等级或内容		分值	认定依据	备注
学生竞赛	各级各类学科竞赛、技能比赛和文体比赛等	国家级一等奖及以上		6	以获奖证书或举办单位文件为准，并经教务处认定。以排名为竞赛结果的项目，按设奖数量（不包括优秀奖、鼓励奖）的前15%（含）名次等同于相应竞赛一等奖，前15%～45%（含）名次等同于二等奖，后55%等同于三等奖	3人以下计满分，超过3人以该分值乘以3后按人均分配，以0.5分为最小单位
		国家级二等奖		5		
		国家级三等奖		4		
		国家优胜奖或成功参赛奖		2		
		省级一等奖及以上		4		
		省级二等奖		3		
		省级三等奖		2		
		省级优胜奖或成功参赛奖		1		
		校级一等奖		2		
		校级二、三等奖或优胜奖		1		
		校级竞赛培训、比赛参加者		0.5	参与培训16学时以上	承办学院考核
创业训练	校内创业实践	获一等奖创业团队		4		负责人计满分，排名第二以下依次减少0.5分，以0.5分为最小单位
		获二等奖创业团队		3		
		获三等奖创业团队		2		
		其他创业团队		1		
	校外创业实践	取得地方创业基金、风险投资基金或进入地方创业基地		2～4	由创业学院出具证明	
专业（职业）技能训练	外语能力证书	大学外语等级证书	三级	0.5	合格	音体美专业
			四级	0.5	达总分60%及以上	英语专业除外
			六级	1	达总分60%及以上	
		英语专业证书	四级	0.5	达总分60%及以上	
			八级	1	达总分60%及以上	
		其他外语能力证书	大学英语口语证书	1	相关证书	
			剑桥商务英语初、中、高级	0.5～1.5	相关证书	

项目名称	项目类型	等级或内容		分值	认定依据	备注
专业（职业）技能训练	外语能力证书	其他外语能力证书	托福	2	成绩单、证书	英语专业学生：成绩90分及以上；非英语专业学生：成绩80分及以上
			雅思	2	成绩单、证书	英语专业学生：成绩7分及以上；非英语专业学生：成绩6.5分及以上
			托业	2	成绩单、证书	成绩达总分80%及以上
			上海市外语（英、日）口译岗位资格证书中级、高级	2～3	相关证书	
			日语能力考试一级证书	2	成绩110分及以上	
			德语专业八级证书	1	合格（60分～70分）	
				1.5	良好（71～80分）	
				2	优秀（81分以上）	
	计算机能力证书	浙江省高校计算机等级证书	二级	0.5	相关证书	体育、艺术、文科类学生
			三级	0.5	相关证书	非计算机类专业学生
		全国计算机等级考试	二级	1	相关证书	
			三级及以上	2	相关证书	
		教育部ITAT认证	单科、中级	1～2	相关证书	本专业学生降一层级认定学分。同类项目不累计，按最高项认定。各证书不累计计算学分
		嵌入式工程师认证考试	助理工程师（初级）	2	相关证书	
		单片机设计师职业资格认证	合格	2	相关证书	

项目名称	项目类型	等级或内容		分值	认定依据	备注
专业（职业）技能训练	计算机能力证书	CISCO 网络工程师认证	初级、中级、高级	1～3	相关证书	本专业学生降一层级认定学分。同类项目不累计，按最高项认定。各证书不累计计算学分
		全国电气智能应用水平考试（NCEE）	三级、二级、一级	1～3	相关证书	
		计算机网络管理员	国家职业资格四、三、二、一级	1～3	相关证书	
		多媒体作品制作员	国家职业资格四、三、二级	1～2.5	相关证书	
		计算机操作员	国家职业资格四、三级	1～1.5	相关证书	
	其他专业(职业)技能证书	企业信息管理师	国家职业资格三、二、一级	1～3	相关证书	
		办公设备维修工	国家职业资格四、三、二级	1～2.5	相关证书	
		通信网络管理员	国家职业资格三、二、一级	1～3	相关证书	
		计算机程序设计员	国家职业资格三、二、一级	1～3	相关证书	
		智能楼宇管理师	国家职业资格四、三、二级	1～2.5	相关证书	
		全国信息化工程师院校职业课程认证	初级、中级、高级	1～3	相关证书	
		报关员资格考试	合格	1	相关证书	非本专业学生

项目名称	项目类型	等级或内容		分值	认定依据	备注
专业（职业）技能训练	其他专业(职业)技能证书	报检员资格考试	合格	1	相关证书	非本专业学生
		银行从业资格证（CCBP）	合格	1	相关证书	
		物流师国家职业资格考试	物流员（国家职业资格四级）、助理物流师（国家职业资格三级）、物流师（国家职业资格二级）、高级物流师（国家职业资格一级）	1～4	相关证书	
		证券从业人员资格考试成绩合格证（SAC）	合格	1	相关证书	非本专业学生
		商务策划师资格考试	初、中、高级	1～3	相关证书	本专业学生降一层级认定学分。同类项目不累计,按最高项认定
		注册会计师资格考试	合格	3	相关证书	
		国际商务单证员资格证书	合格	1	相关证书	非本专业学生
		期货从业人员资格考试成绩合格证（CFA）	合格	1	相关证书	非本专业学生
		会计从业资格证书	合格	1	相关证书	非本专业学生
		经济师	初级	1	国家职业资格证书	

项目名称	项目类型	等级或内容		分值	认定依据	备注
专业（职业）技能训练	其他专业(职业)技能证书	国家理财规划师(ChFP)认证	助理理财规划师(国家职业资格三级)、理财规划师(国家职业资格二级)、高级理财规划师(国家职业资格一级)	1～3	国家职业资格证书	同类项目不累计,按最高项认定
		电子商务师	国家职业资格三、二级	1～2	国家职业资格证书	
		国际进出口专员认证出口专员 IIEI-CE	合格	1	相关证书	
		国际注册内部审计师考试（CIA）	合格	3	相关证书	
		法律职业资格证书	A类:考试成绩为360分以上	3	成绩单或相关证书	
		人力资源管理师证书	管理员(国家职业资格四级)、助理管理师(国家职业资格三级)、管理师(国家职业资格二级)、高级管理师(国家职业资格一级)	0.5～3	相关证书	同类项目不累计,按最高项认定
		普通话等级证书	等级二乙及以上	1	相关证书	非师范类专业
		手语证书	初级、中级、高级	0.5～1.5	相关证书	

项目名称	项目类型	等级或内容		分值	认定依据	备注
专业（职业）技能训练	其他专业(职业)技能证书	教师资格考试	中教、小教、幼师、高教	0.5	学院培训证明及成绩单证	非师范类专业，各类不累计
		省级普通话测试员资格证书		2	相关证书	
		国家级普通话测试员资格证书		4	相关证书	
		心理咨询员考试	初级	1	国家职业资格证书	
		高等教育公共关系资格证书考试	合格	1	证书	
		国家裁判员资格证书	三至一级	1～3	裁判员资格证书	体育学院本专业学生从二级起认并降一等级，认定学分。同类项目不累计，按最高项认定
		社会体育指导员资格证书	社会体育指导师(国家职业资格五、四、三、二、一级)	0.5～4	国家职业资格证书	体育学院本专业学生降一等级，认定学分。同类项目不累计，按最高项认定
		体育行业特有工种职业技能资格标准	国家职业资格五级、四级、三、二、一级	0.5～4	国家职业资格证书	
		秘书职业资格考试	国家职业资格五级、四级、三级和二级	0.5～3	相关证书	本专业学生降一层级认定学分。同类项目不累计，按最高项认定
		全国导游人员资格考试	初级、中级、高级、特级导游	1～4	相关证书	
		全国编辑记者资格证书	成绩合格	1	相关证书	

项目名称	项目类型	等级或内容		分值	认定依据	备注
专业（职业）技能训练	其他专业(职业)技能证书	广告策划师	国家职业资格三、二、一级	1～3	相关证书	同类项目不累计，按最高项认定
		会展策划师	国家职业资格三、二、一级	1～3	相关证书	
		新闻采编师	国家职业资格三、二、一级	1～3	相关证书	
		影视广告策划师	国家职业资格三、二、一级	1～3	相关证书	
		网络编辑师	国家职业资格四、三、二、一级	1～4	相关证书	
		广告师	助理广告师、广告师、高级广告师	1～3	相关证书	
		汉语职业培训师	国家职业资格三、二、一级	1～3	相关证书	
		企业文化师	国家职业资格三、二、一级	1～3	相关证书	
		文化经纪人	国家职业资格三、二、一级	1～3	相关证书	
		文物鉴赏师	国家职业资格三、二、一级	1～3	相关证书	
		DIY 系列培训证书	初级、中级	0.5～1	培训成绩合格证书	同类项目按最高项认定，各证书不累计计算学分

续表

项目名称	项目类型	等级或内容		分值	认定依据	备注
专业（职业）技能训练	其他专业(职业)技能证书	社会艺术水平考级证书(美术)	国家级 D 档（1～3级）	0.5	相关证书	专业学生从 B 档起认 0.5 学分,A 档 1 学分。同类项目不累计,按最高项认定
			国家级 C 档（4～6级）	1	相关证书	
			国家级 B 档（7～8级）	1.5	相关证书	
			国家级 A 档（9～10级）	2	相关证书	
		国际商业美术设计师职业资格认证	D级(初级)	2	相关证书	
		社会艺术水平考级证书(音乐)	国家级初级（3～5级）	0.5	相关证书	专业学生从中级起认 0.5 学分,高级 1 学分。同类项目不累计,按最高项认定
			国家级中级（6～8级）	1	相关证书	
			国家级高级（9～10级）	2	相关证书	
		全国职业资格认证食品卫生类考试:调香师、豆制品工艺号、酿酒师、农畜特产品加工师、食品工程师、食品机械工程师、食品检测师、食品生物工程师、食品营销师、公共卫生管理师、健康管理师、卫生监督管理师、卫生检验检疫师、检疫师、动物防疫检疫师等	国家职业资格 三、二、一级	1～3	相应国家职业资格证书	同类项目不累计,按最高项认定学分

项目名称	项目类型	等级或内容		分值	认定依据	备注
专业（职业）技能训练	其他专业(职业)技能证书	公共营养师	国家职业资格三、二、一级	1～3	国家职业资格证书	同类项目不累计,按最高项认定学分
		数控车床操作工	国家职业资格四级(中级)、三级(高级)	1～2	国家职业资格证书	同类项目不累计,按最高项认定
		数控加工中心操作工	国家职业资格四级(中级)、三级(高级)	1～2	国家职业资格证书	
		数控铣床操作工	国家职业资格四级(中级)、三级(高级)	1～2	国家职业资格证书	
		模具设计师	国家职业资格四级(中级)、三级(高级)	1～2	国家职业资格证书	
		全国 CAD 技能等级考试	一级、二级、三级	0.5～2	CAD 技能等级证书	
		见习工业工程师资格考试	合格	1	相关证书	
		质量工程师资格考试	初级、中级	1～2	相关证书	同类项目不累计,按最高项认定
		全国职业资格认证建筑类考试:预算员、施工员、质检员、安全员、材料员	初级	1	相关证书	同类项目不累计,按最高项认定
	参加学校、学院统一组织的专业(职业)技能类培训活动			0.5	参与 16 学时以上	承办学院考核

温州大学大学生素质拓展学分标准表（试行）

计划类	项目类	内容	分值	认定依据	备注
社团	社团活动	参加社团满 1 年	1	由温州大学社团联合会负责考核，报校团委审核	对参加多个社团的会员，以其参加活动出勤率最高的社团为准，一年最多只能申请 1 个学分；负责组织学校及以上综合性活动的，每次活动不得超过 3 人
		参加社团满 2 年	2		
		负责组织全校综合性活动，并取得良好效果	1		
		负责组织全市及以上综合性活动，并取得良好效果	2		
艺术团	艺术团活动	参加艺术团满 1 年	1	由大学生艺术团负责考核，报校团委审核	负责组织学校及以上综合性活动的，每次活动不得超过 3 人
		参加艺术团满 2 年	2		
		主持负责校级综合性活动，并取得良好效果	1		
		负责组织全市及以上综合性活动，并取得良好效果	2		
志愿服务	志愿服务活动	参加志愿服务活动满 40 个小时	1	由组织单位审核汇总后，报校团委志愿者服务中心认定	对象为在校注册志愿者
		参加志愿服务活动满 80 小时以上	2		
学术讲座	学术讲座活动	在校期间参加由学校（学院）开设的各类专题讲座，累计达 10 次（含）以上	1	各学院负责考核，报校团委素质拓展中心审核	专题讲座由各学院确定开设计划，并组织实施
信息素养教育	信息素养教育培训	参加由图书馆组织的信息素养教育培训满 10 次培训（20 课时）	1	由经图书馆培训部负责认定，合格者发《信息素养培训证书》	

后　记

　　光阴似箭，岁月如梭。短暂而充实的四年研究生生活已结束，转眼在江苏医药职业学院工作也快一年了。回想这几年，或许我比别人经历得更多，结婚、生子、求学、工作之间，时常奔波于学校和家，照顾孩子、完成学业及处理家庭之间的矛盾和冲突……那些迷茫无措的日子、那些焦头烂额的日子、那些曾经以为跨不过去的人生的坎，现在可以说都是我人生中巨大的财富。感谢一直帮助关心我的老师、同学、同事，感谢一直包容支持我的家人，也感谢一直坚持的自己。

　　感谢我的导师胡仁东教授。他学识渊博，学术严谨，为人谦和。这几年来，胡老师对我言传身教，不仅传授我严谨认真的学术研究习惯和方法，更教会我如何做人。严师的背后，更多的是对我的关怀和希望。特别感谢胡老师这些年对我的理解和关怀，在学习、生活和工作中都给予了我支持，让我有坚持走下去的力量。胡老师一次次的鼓励和肯定都是对我最大的支持。与胡老师的每一次探讨、每一次修改和打磨，都令我受益匪浅。没有胡老师一直以来的鼓励和帮助，本书是不可能完成的。

　　让我倍感幸运与幸福的是，能够在四年的硕士生涯中遇到高等教育学方向的各位导师们。导师们牺牲休息时间为我们举办学术沙龙，鼓励我们多参加学术会议，让我们的学术视野开阔了许多。因为他们的引导和鼓励，师生之间的关系更加融洽，学术氛围浓厚。蔡国春老师有一种强大的"气场"，博学、严谨、自信，令人敬重。张欣老师平易近人，不管遇到什么样的问题，张欣老师总是热情地为我们解答。张欣老师对问题见解独特，是我的良师益友。朱景坤老师为人谦逊，思维敏捷，言语之中总能激发我们的灵感，拓展我们的思维。刘林老师学识渊博、风趣幽默，总给我以鼓励和帮助。还要感谢赵峻岩老师、刘文晓老师，他们都是我成长路上的引路人。感谢江苏师范大学教育科学学院这个大家庭中的每一个人对我的支持、鼓励和帮助。

很庆幸在读研期间不仅遇到了良师，还遇到了一群挚友。他们在生活、学习中关心我、体谅我，总能给我带来快乐，帮我排解忧愁。也感谢江苏医药职业学院的同事们对我的照顾和鼓励。感谢我的家人们。谢谢父母一直以来对我无限的包容和支持。感谢我的公公婆婆像对待女儿一样爱我、帮助我、支持我。感谢我的丈夫严振刚，是他的爱与包容、理解与支持，才使我顺利完成了学业。感谢儿子严子宸，他的到来为我的生命增添了非凡的意义和使命。感谢我的表妹王誉，总能理解我的迷茫，给予我支持。再次感谢你们。感谢中国海洋大学出版社的编辑对于此书的大力支持和帮助。同时也感谢江苏师范大学对此书出版的资助和对我的栽培。不负韶光，在未来的人生路上，我会更加坚定地前进。

由于研究能力和水平有限，本书难免有错误和不足之处，还请各位学者谅解并提出宝贵意见。

汪 艳

2019 年 6 月